Le meilleur de la cuisine

végétarienne

Philippe Chavanne

City Editions

Crédits des photographies :
Couverture : Moretto/StockFood/StudioX
P.11, p.19, p.40, p.47, p.51, p.52, p.55, p.67, p.68, p.71, p.75 : Shutterstock.
P.8 : Roulier Turiot/Photocuisine Sucré Salé, p.12 : /Photocuisine Sucré Salé, p.15 : Yves Bagros/Photocuisine Sucré Salé, p.16 : Alain Muriot/Photocuisine Sucré Salé, p.20 : Jean-Christophe Riou/Photocuisine Sucré Salé, p.23 : Audrey De Leval/Photocuisine Sucré Salé, p.24 : Becky Lawton/Photocuisine Sucré Salé, p.27 : Alain Caste/Photocuisine Sucré Salé, p.28 : Hervé Amiard/Photocuisine Sucré Salé, p.31 : Marie Leduc/Photocuisine Sucré Salé, p.32 : Jean-Christophe Riou/Photocuisine Sucré Salé, p.35 : Alain Caste/Photocuisine Sucré Salé, p.36 : Alain Caste/Photocuisine Sucré Salé, p.39 : Pierre-Louis Viel/Photocuisine Sucré Salé, p.43 : Jean Blaise Hall/Photocuisine Sucré Salé, p.44 : Jacques Caillaut/Photocuisine Sucré Salé, p.48 : Pierre-Louis Viel/Photocuisine Sucré Salé, p.59 : Alain Sirois/Photocuisine Sucré Salé, p.60 : Food & Drink/Photocuisine Sucré Salé, p.63 : Bruno Marielle/Photocuisine Sucré Salé, p.64 : Christine Fleurent/Photocuisine Sucré Salé, p.72 : Christine Fleurent/Photocuisine Sucré Salé, p.76 : Becky Lawton/Photocuisine Sucré Salé, p.79 : Maximilian Stock/Photocuisine Sucré Salé.

Les recettes illustrées sont suivies d'un (*).

ISBN : 978-2-35288-249-7
Code Hachette : 50 6440 7

Rayon : Cuisine
Collection dirigée par Christian English & Frédéric Thibaud
Catalogue et manuscrits : www.city-editions.com

Dépôt légal : premier semestre 2009
Imprimé dans la C.E.E.

Sommaire

► Mises en bouche

► Quelques soupes

► Plats principaux et plats uniques

▶ Mitonnées de légumes

▶ Délicieux farcis

▶ Tartes, crêpes et soufflés

▶ Desserts et douceurs

Mise en bouche

Trop de protéines animales.
Trop de lipides.
Trop de glucides.

Tout le monde est aujourd'hui d'accord pour reconnaître que notre alimentation moderne est totalement déséquilibrée. Elle fait la part trop belle aux protéines animales (viande, poisson...), aux lipides (spécialement les graisses saturées fournies en quantité par la viande, les fritures, le fromage, le beurre...) et aux glucides (surtout les glucides d'absorption rapide fournis par les pâtisseries, les glaces, les sodas...).

Tout le monde est également d'accord pour admettre que nous souffrons de profondes carences en fibres végétales (fournies par les fruits, les céréales complètes et les légumes), en sels minéraux et en vitamines. Et cela parce que nous mangeons trop peu de végétaux, mais faisons par contre une consommation trop élevée d'alcools, de conservateurs et de colorants.

Sans nous astreindre à un véritable « régime » (avec tout ce que ce terme peut avoir de rébarbatif), mais en adoptant un meilleur équilibre alimentaire, nous pouvons pourtant satisfaire aisément et sans réelles contraintes nos élémentaires besoins en fibres, minéraux et vitamines.

La cuisine végétarienne permet justement de répondre à l'essentiel de ces besoins vitaux.

Le mot est donc lâché : « végétarien » !

Pour beaucoup d'entre nous, « manger végétarien » se résume à se priver de viande et de poisson. Erreur ! Certes, la cuisine végétarienne fait l'impasse sur ces produits, mais là n'est probablement pas le plus important. La cuisine végétarienne privilégie une alimentation saine (surtout, bien sûr, si les produits sont issus de l'agriculture biologique), équilibrée et diversifiée.

Qu'on se le dise : « manger végétarien » n'a rien de rébarbatif, ni de compliqué. Et cela d'autant plus que les recettes végétariennes font essentiellement appel à des produits simples et naturels. Des produits que vous connaissez bien, même si vous n'avez pas encore testé ce mode d'alimentation : des légumes et des légumineuses (les plantes les plus riches en protides), des pâtes et du riz, des céréales (blé, millet, épeautre...). En complément, il est possible d'enrichir certaines préparations avec une poignée de produits plus spécifiques tels que le désormais célèbre tofu (une pâte ferme ou molle de haricots de soja jaunes, riche en protides et en acides gras, mais dépourvue de lactose et de cholestérol, avec en outre une très faible teneur en glucides), voire des germes que vous aurez peut-être fait pousser vous-même.

Enfin – et là n'est pas le moins important ! –, la cuisine végétarienne est extraordinairement savoureuse. On peut même affirmer qu'elle est riche en parfums, forte en goût et haute en saveurs.

Gourmet et végétarien ? Cela n'a vraiment rien d'incompatible ! La preuve avec les délicieuses recettes qui suivent...

Carottes râpées au raisin blanc *

Facile

Les carottes râpées, tout le monde connaît. Mais, accompagnées notamment de raisin et de miel, voilà une agréable nouveauté gourmande.

* *Ingrédients :*
  500 g de carottes
  250 g de raisin blanc
  2 branches de persil plat haché
  Poivre

  Pour la sauce d'accompagnement :
  1 citron jaune pressé
  2 c.s. de crème liquide
  1 c.c. de miel artisanal
  1 c.c. d'huile de tournesol

* *Préparation : 20 mn*
* *Cuisson : sans*
* *Pour 3 personnes*

- Lavez, épluchez et râpez les carottes. Lavez et essuyez le raisin, détachez les grains, coupez-les en deux et retirez les pépins. Mélangez les carottes et les raisins.
- Préparez la sauce. Dans un bol, mélangez le jus de citron, la crème liquide, le miel et l'huile. Versez ensuite cette sauce sur le mélange de carottes et de raisins.
- Dressez enfin la préparation sur des assiettes individuelles et poivrez. Parsemez de persil avant de servir.

Servez cette préparation avec quelques toasts de pain complet, beurrés.

Crudités printanières

Facile

Une superbe et très saine mise en bouche, qui apaise la première faim et facilite la digestion.

* *Ingrédients :*
  300 g de navet blanc et long
  300 g de carottes
  1 botte de radis
  2 pommes, pour un poids total d'environ 300 g
  1 c.s. de jus de citron jaune fraîchement pressé
  2 c.s. de fines herbes hachées
  2 c.s. de graines de tournesol

  Pour la sauce :
  3 c.s. de vinaigre de cidre
  100 g de crème fraîche
  2 c.s. d'huile de carthame
  Sel, poivre

* *Préparation : 30 mn*
* *Cuisson : sans*
* *Pour 4 personnes*

- Épluchez et râpez le navet et les carottes. Lavez, puis émincez les radis. Coupez les pommes en quatre, épluchez-les, retirez le cœur et les pépins, puis râpez les fruits.
- Mélangez soigneusement tous ces ingrédients avec le jus de citron. Répartissez ensuite la préparation obtenue sur quatre assiettes individuelles.
- Préparez la sauce d'accompagnement. Dans un bol, mélangez le vinaigre, la crème fraîche, l'huile de carthame, du sel et du poivre. Versez cette sauce sur les parts de salade, puis parsemez de fines herbes hachées et de graines de tournesol.

Véritable cocktail de vitamines, ces crudités font une délicieuse entrée. N'hésitez pas à varier les ingrédients en fonction des produits de saison disponibles sur les étals des marchés.

▶ Facile

Crudités variées, sauce au tofu*

Une intéressante et bien savoureuse variante par rapport aux traditionnelles préparations de crudités. À essayer sans tarder !

* *Ingrédients :*
  300 g de betterave rouge
  300 g de céleri en branches
  1 bouquet de ciboulette hachée

  Pour la sauce au tofu :
  100 g de tofu
  1 citron jaune fraîchement pressé
  1 c.c. de moutarde forte
  1 pincée de sucre en poudre
  2 c.s. d'huile d'olive vierge extra
  Sel, poivre

* *Préparation : 25 mn*
* *Cuisson : sans*
* *Pour 3 personnes*

- Préparez la sauce. Égouttez soigneusement le tofu et écrasez-le à la fourchette. Mélangez-le avec le jus de citron, la moutarde forte, le sucre en poudre, du sel et du poivre. Ajoutez peu à peu l'huile, sans cesser de tourner.
- Épluchez et râpez finement la betterave. Lavez le céleri, retirez les fils durs et coupez le céleri en fines lamelles.
- Mélangez la betterave, le céleri et la ciboulette avec la sauce au tofu. Servez aussitôt.

Variante : vous pouvez éventuellement remplacer la betterave par des carottes. Pour la réalisation de la sauce, un tofu soyeux est à privilégier.

▶ Facile

Haricots verts à la feta & aux tomates

* *Ingrédients :*
  300 g de haricots verts
  1 bouquet de sarriette fraîche
  300 g de fèves surgelées
  500 g de tomates
  150 g de feta

  Pour la sauce d'accompagnement :
  1 sachet d'infusion (saveur au choix)
  3 c.c. de vinaigre de cidre
  1 c.s. de crème liquide
  1 c.s. de moutarde aromatisée aux herbes
  3 c.s. d'huile de maïs
  Sel, poivre

* *Préparation : 20 mn*
* *Cuisson : 15 mn*
* *Pour 5 personnes*

- Lavez et nettoyez les haricots. Lavez la sarriette et coupez les tiges. Réservez les feuilles pour en parsemer la salade. Versez 25 cl d'eau dans une casserole et portez à ébullition. Mettez-y les haricots, les tiges de sarriette et les fèves non décongelées. Couvrez et faites cuire 15 minutes à feu doux, jusqu'à ce que les haricots verts soient tendres.
- Égouttez ensuite les légumes dans une passoire (en réservant l'eau de cuisson), puis laissez-les refroidir dans une terrine. Faites à nouveau bouillir l'eau de cuisson des légumes. Plongez-y le sachet d'infusion et retirez la casserole du feu. Laissez infuser 10 minutes environ avant de retirer le sachet du liquide.
- Préparez la sauce d'accompagnement. Dans un bol, mélangez l'infusion, le vinaigre, la crème liquide, la moutarde aromatisée, l'huile, du sel et du poivre. Versez cette préparation sur les légumes et mélangez. Répartissez ensuite cette salade sur des assiettes individuelles. Lavez et équeutez les tomates, puis taillez-les en dés. Hachez les feuilles de sarriette. Coupez la feta en dés. Parsemez les assiettes garnies avec ces ingrédients et servez aussitôt.

Plateau de légumes crus, sauce à l'orange*

Facile

- Lavez et nettoyez les légumes de saison, puis les éplucher si nécessaire avant de les couper en morceaux. Taillez les carottes, le radis noir et le concombre en bâtonnets. Détachez les petits bouquets du chou-fleur. Coupez les fenouils en lanières. Séparez les bouquets de brocoli.
- Retirez les feuilles extérieures flétries des oignons nouveaux avant de les laver et de les égoutter. Lavez et égouttez aussi la courgette et les champignons. Taillez ensuite la courgette en bâtonnets et partagez les champignons en deux ou en quatre selon leur grosseur.
- Préparez la sauce à l'orange. Coupez l'avocat en deux, pelez-le et dénoyautez-le. Mettez-le dans un plat creux. Lavez et essuyez l'orange. Pelez un zeste de 4 centimètres et hachez-le. Pressez l'orange et versez son jus sur l'avocat. Écrasez ensuite celui-ci en purée, puis ajoutez le yaourt, le persil et le zeste d'orange. Salez et poivrez selon le goût.
- Dressez les légumes préparés sur des assiettes individuelles et répartissez la sauce dans des coupelles. Servez à chaque convive une assiette garnie accompagnée d'une coupelle de sauce.

* *Ingrédients :*

600 g de légumes de saison : carottes, concombre, radis noir, fenouils, brocoli et chou-fleur
4 oignons nouveaux
1 courgette d'environ 125 g
4 gros champignons de couche

Pour la sauce à l'orange :

1 avocat
1 orange non traitée
100 g de yaourt nature, maigre
1 c.s. de persil plat frais et haché
Sel, poivre

* *Préparation : 30 mn*
* *Cuisson : sans*
* *Pour 4 personnes*

Salade de radis et épinards, au tofu

Facile

La préparation de cette salade exige un peu de temps. Mais le gourmet qui sommeille en chaque végétarien sera comblé !

- Égouttez soigneusement le tofu et taillez-le en fins bâtonnets.
- Mélangez-les avec le basilic, le jus de citron, le cumin et un peu de sel. Couvrez et laissez mariner 2 heures.
- Lavez les radis et taillez-les en julienne (c'est-à-dire en fins bâtonnets). Nettoyez, lavez et essorez les épinards.
- Dans un bol, mélangez la moutarde, le vinaigre, le yaourt, un peu de sel et de poivre. Ajoutez-y peu à peu l'huile, sans cesser de tourner.
- Dans un grand plat creux, mélangez les radis, les épinards, la ciboulette et la préparation au tofu. Ajoutez la sauce et servez aussitôt.

* *Ingrédients :*

150 g de tofu
Feuilles de basilic hachées
1 c.s. de jus de citron pressé
1 pincée de cumin moulu
2 bottes de radis
300 g de tendres épinards
1 bouquet de ciboulette hachée

Pour la sauce d'accompagnement :

1 c.c. de moutarde forte
1 c.s. de vinaigre de vin blanc
2 c.s. de yaourt nature
2 c.s. d'huile de maïs
Sel, poivre

* *Préparation : 25 mn*
* *Marinade : 2 h*
* *Cuisson : sans*
* *Pour 4 personnes*

Salade de lentilles aux légumes *

▶ Facile

* *Ingrédients :*
  1 c.c. de bouillon de légumes
  250 g de lentilles
  6 c.s. de vinaigre de vin rouge
  6 c.s. d'huile de maïs
  ½ citron jaune non traité
  2 oignons nouveaux
  1 poivron
  1 carotte
  1 bouquet de persil frais
  Sel, poivre

* *Préparation : 20 mn*
* *Cuisson : 45 mn*
* *Pour 4 personnes*

- Versez 50 centilitres d'eau dans une casserole et portez à ébullition avec le bouillon de légumes et les lentilles. Couvrez et faites cuire 45 minutes à feu doux, jusqu'à ce que les lentilles soient tendres. Dans un bol, battez le vinaigre et l'huile.
- À la fin de leur cuisson, salez et poivrez les lentilles égouttées, puis laissez-les refroidir. Zestez le demi-citron et taillez ce zeste en très fines lanières. Pressez le fruit. Ajoutez le jus et le zeste aux lentilles, puis mélangez. Répartissez ensuite cette préparation sur les assiettes de service.
- Épluchez et hachez les oignons. Lavez et équeutez le poivron. Coupez-le en deux et retirez les graines ainsi que les filaments blancs et durs. Coupez la chair en petits dés. Épluchez la carotte et râpez-la. Lavez et essuyez le persil, puis détachez les feuilles et hachez finement les tiges.
- Rassemblez les oignons, le poivron, la carotte et les tiges de persil. Parsemez les lentilles avec ce mélange. Décorez avec les feuilles de persil. Rectifiez l'assaisonnement si nécessaire.

Tartare de camembert aux légumes & aux épices

▶ Facile

Une recette surprenante, rapide et facile à préparer, tout en étant raffinée.

* *Ingrédients :*
  300 g de camembert
  30 g de beurre ramolli
  1 c.s. de crème liquide
  1 oignon
  1 c.c. de cumin moulu
  1 c.c. de paprika doux en poudre
  1 botte de radis
  6 tomates
  1 concombre
  1 bouquet de ciboulette hachée
  Sel, poivre

* *Préparation : 30 mn*
* *Cuisson : sans*
* *Pour 4 personnes*

- À la fourchette, écrasez le camembert, puis mélangez-le au beurre et à la crème liquide, jusqu'à obtention d'une pâte lisse.
- Épluchez et hachez finement l'oignon. Incorporez-le à la préparation précédente, ainsi que le cumin, le paprika, du sel et du poivre.
- Lavez les radis et les tomates. Émincez les radis et coupez chaque tomate en 8 morceaux. Épluchez le concombre et râpez-le grossièrement.
- Dressez les radis, le concombre et les tomates sur des assiettes individuelles. À côté des légumes, déposez une portion de crème au camembert. Parsemez les légumes de ciboulette hachée. Servez frais.

Pour cette préparation, privilégiez un camembert fait à cœur. Vous pouvez aussi saupoudrer la crème au camembert de noix hachées juste avant de la servir.

Tofu mariné au basilic et au piment

Facile

Cette préparation peut faire une merveilleuse entrée.
Mais elle s'intègre aussi parfaitement bien à un buffet.

- Égouttez soigneusement le tofu et coupez-le en fines tranches. Disposez-les dans un plat.
- Pelez les gousses d'ail et pressez-les. Nettoyez le piment, retirez les graines et taillez-le très finement. Réservez la moitié du basilic et lavez l'autre moitié. Essuyez-la et coupez-la en lanières. Mélangez ces différents ingrédients avec le jus de citron, l'huile et un peu de sel. Ajoutez enfin les câpres.
- Répartissez cette marinade sur le tofu, couvrez et laissez mariner 2 heures environ. Tournez le tofu de temps à autre en cours de marinade Nettoyez, lavez et hachez les oignons, avec la partie verte et tendre. Lavez, essuyez et hachez finement le basilic réservé. Parsemez le tofu mariné d'oignon et de basilic, et servez aussitôt.

En accompagnement, prévoyez quelques petits pains complets.

* *Ingrédients :*
300 g de tofu
2 gousses d'ail
¼ de piment rouge frais
1 bouquet de basilic frais
1 citron jaune pressé
3 c.s. d'huile d'olive vierge
2 c.c. de câpres égouttées
2 oignons nouveaux
Sel

* *Préparation : 25 mn*
* *Marinade : 2 h*
* *Cuisson : sans*
* *Pour 4 personnes*

Tofu aux tomates*

Facile

Le tofu apporte les vitamines et les minéraux. Les tomates offrent leur délicieuse saveur.

- Égouttez soigneusement le tofu, puis coupez-le en fines tranches. Disposez-les sur des assiettes individuelles.
- Épluchez et émincez l'oignon. Lavez les tomates, retirez leur pédoncule. Coupez ensuite les tomates en petits dés.
- Dans un bol, mélangez le vinaigre, du sel et du poivre, puis ajoutez l'huile, sans cesser de tourner. Mettez les tomates, l'oignon et le basilic dans cette vinaigrette et mélangez.
- Répartissez ensuite cette préparation sur le tofu et servez frais.

Variante : remplacez le tofu par du tofu fumé aux champignons.
Votre préparation aura encore plus de saveur.

* *Ingrédients :*
250 g de tofu
1 oignon rouge
250 g de tomates
½ c.s. de vinaigre de vin blanc
2 c.s. d'huile d'olive vierge
1 bouquet de basilic haché
Sel
Poivre

* *Préparation : 20 mn*
* *Cuisson : sans*
* *Pour 3 personnes*

▶ Facile

Soupe d'asperges vertes au cerfeuil & au tofu*

* *Ingrédients :*
  500 g d'asperges vertes
  50 cl de bouillon de légumes
  1 pincée de sucre
  2 c.s. de crème fraîche liquide
  150 g de tofu
  1 gousse d'ail
  1 poignée de cerfeuil frais, haché
  10 g de beurre
  Sel, poivre

* *Préparation : 10 mn*
* *Cuisson : 20 mn*
* *Pour 2 personnes*

- Lavez les asperges, puis pelez-les et retirez toutes les parties dures. Coupez les tiges en morceaux. Réservez les pointes d'asperges. Versez le bouillon de légumes dans une casserole et portez à ébullition avec les asperges, le sucre et un peu de sel. Couvrez et faites cuire 10 minutes à feu moyen. Ajoutez alors les pointes d'asperges et poursuivez la cuisson pendant 6 minutes.
- À ce moment, retirez les pointes d'asperges et réservez-les. Écrasez les morceaux d'asperges restants en purée, avec le bouillon. Remettez-les dans la casserole, ajoutez la crème liquide et les pointes d'asperges.
- Salez et poivrez selon le goût. Égouttez soigneusement le tofu et taillez-le en petits dés. Pelez la gousse d'ail et pressez-la. Mélangez le cerfeuil avec la soupe, couvrez et faites chauffer 2 minutes.
- Faites fondre le beurre dans une poêle et, sur feu moyen, faites-y rapidement revenir les dés de tofu et l'ail. Parsemez-en la soupe et servez aussitôt.

▶ Facile

Soupe de blé vert au tofu & aux tomates

Cette soupe, très économique, est aussi délicieuse !

* *Ingrédients :*
  2 tranches de céleri
  2 blancs de poireaux
  1 oignon
  2 c.s. d'huile de maïs
  100 g de grains de blé vert
  1 litre de bouillon de légumes
  400 g de tomates
  150 g de tofu
  1 c.c. de paprika fort
  1 bouquet de persil plat, haché
  Sel, poivre

* *Préparation : 10 mn*
* *Cuisson : 30 mn*
* *Pour 4 personnes*

- Nettoyez, lavez et émincez finement le céleri et les poireaux. Épluchez et hachez l'oignon.
- Versez l'huile dans une casserole et faites chauffer. Sur feu moyen, faites-y rissoler le céleri, les poireaux et l'oignon. Ajoutez ensuite les grains de blé et faites rapidement revenir. Versez alors le bouillon de légumes. Portez à ébullition, couvrez et faites cuire 15 minutes à feu doux.
- Lavez les tomates et retirez leur pédoncule. Pelez les tomates et coupez-les en petits dés. Égouttez soigneusement le tofu et taillez-le en fines lanières.
- Ajoutez le paprika dans la soupe, salez et poivrez. Ajoutez les tomates et le tofu, puis poursuivez la cuisson pendant 2 minutes. Saupoudrez de persil et servez aussitôt.

Les grains de blé vert se trouvent aisément dans les magasins d'alimentation naturelle et diététique.

Soupe de légumes aux épices exotiques *

Facile

- Nettoyez, lavez et émincez les poireaux. Pelez et hachez la gousse d'ail. Versez l'huile dans une casserole et faites chauffer. Faites-y revenir les poireaux et l'ail pendant 1 minute, sans cesser de tourner.
- Ajoutez ensuite les différentes épices (curcuma, cumin, gingembre, coriandre et safran), ainsi que le piment de Cayenne et un peu de sel. Faites sauter le tout pendant quelques secondes.
- Lavez les courgettes, coupez leurs extrémités et taillez les courgettes en julienne (c'est-à-dire en fins bâtonnets). Versez le bouillon de légumes dans la casserole et portez à ébullition. Ajoutez les courgettes, couvrez et faites cuire 5 minutes à feu doux.
- Lavez les tomates et retirez le pédoncule. Coupez ensuite les tomates en dés.
- Mettez la moitié des tomates dans le bouillon, puis laissez cuire 1 minute. Versez alors le bouillon dans les assiettes creuses. Répartissez-y le reste des tomates ainsi que le persil.

* *Ingrédients :*

250 g de poireaux
1 gousse d'ail
1 c.c. d'huile de maïs
½ c.c. de curcuma moulu
½ c.c. de cumin moulu
Coriandre moulue
Gingembre en poudre
Filaments de safran
Piment de Cayenne
Sel
2 petites courgettes
75 cl de bouillon de légumes
2 tomates
1 bouquet de persil plat, haché

* *Préparation : 10 mn*
* *Cuisson : 12 mn*
* *Pour 4 personnes*

Soupe de lentilles noires aux pommes de terre

Facile

Une soupe du « terroir » très nourrissante.

- Épluchez et hachez l'oignon. Versez l'huile dans une casserole et faites chauffer. Sur feu moyen, faites-y revenir l'oignon et les lentilles, sans cesser de remuer. Ajoutez ensuite le bouillon de légumes et portez le tout à ébullition. Faites alors cuire 25 minutes environ à feu doux, jusqu'à ce que les lentilles soient à moitié tendres.
- Épluchez les pommes de terre, puis coupez-les en dés pas trop gros. Ajoutez-les dans la préparation aux lentilles, portez une nouvelle fois à ébullition, puis faites cuire 10 à 15 minutes, jusqu'à ce que les lentilles et les pommes de terre soient tendres.
- Ajoutez alors la crème dans la préparation. Arrêtez la cuisson juste avant qu'elle n'atteigne le point d'ébullition. Assaisonnez de sel et de poivre, puis répartissez la soupe dans des assiettes creuses. Parsemez chaque assiette garnie de sarriette et de ciboulette hachées.

Les herbes hachées restent bien entendu facultatives, mais elles apportent une agréable petite note gustative supplémentaire.

* *Ingrédients :*

1 oignon
1 c.c. d'huile de germes de blé
75 g de lentilles noires
75 cl de bouillon de légumes
300 g de pommes de terre
150 g de crème liquide
1 bouquet de sarriette hachée
1 bouquet de ciboulette fraîche, hachée
Sel, poivre

* *Préparation : 15 mn*
* *Cuisson : 45 mn*
* *Pour 4 personnes*

Facile

Soupe de tomates aux herbes et au tofu *

Une simple soupe de tomates ? Beaucoup plus que cela, en fait. Une délicieuse soupe de tomates enrichie aux herbes et au tofu. Un régal !

* *Ingrédients :*
  600 g de tomates
  1 oignon
  1 gousse d'ail
  ½ poivron vert
  ½ bouquet de thym frais
  1 c.s. d'huile d'olive vierge extra
  25 cl de bouillon de légumes
  1 pincée de sucre
  150 g de tofu
  ½ bouquet de basilic frais, haché
  Sel, poivre

* *Préparation : 10 mn*
* *Cuisson : 20 mn*
* *Pour 2 personnes*

- Retirez le pédoncule des tomates et pelez-les. Taillez-les en tout petits dés. Épluchez l'oignon et hachez-le. Pelez la gousse d'ail et hachez-la. Retirez les graines ainsi que les filaments blancs et durs du demi-poivron avant de tailler celui-ci en fines lanières. Détachez les feuilles de thym de leurs tiges.
- Versez l'huile dans une casserole et faites chauffer. Sur feu moyen, faites-y rissoler l'oignon, l'ail, le demi-poivron et le thym. Ajoutez ensuite les tomates et faites brièvement cuire.
- Versez ensuite le bouillon et portez à ébullition. Salez, poivrez et sucrez. Poursuivez alors la cuisson, à couvert et sur feu moyen, pendant 8 minutes. Égouttez soigneusement le tofu et taillez-le en fines lanières. Ajoutez-le dans la soupe et continuez la cuisson pendant 2 minutes. Parsemez de basilic et servez aussitôt.

Moyen

Soupe d'oignons aux boulettes de tofu

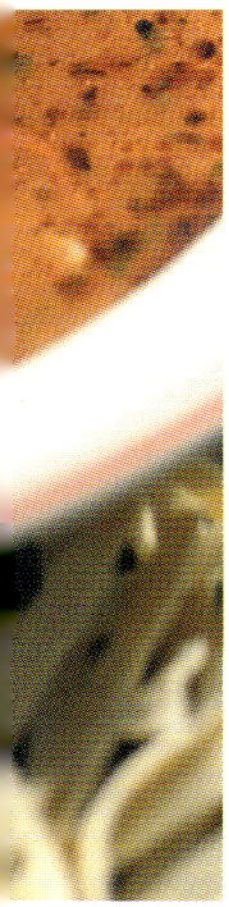

* *Ingrédients :*
  1 gousse d'ail
  1 bouquet de persil frais
  200 g de tofu
  1 c.s. de sauce de soja
  1 c.s. d'amandes en poudre
  1 c.s. de parmesan fraîchement râpé
  2 c.s. de farine de blé complète
  ½ c.c. de zeste de citron jaune râpé
  2 bottes d'oignons nouveaux
  20 g de champignons de couche
  1 c.s. d'huile de maïs
  75 cl de bouillon de légumes
  Sel, poivre

* *Préparation : 25 mn*
* *Cuisson : 20 mn*
* *Pour 3 personnes*

- Pelez et écrasez la gousse d'ail. Lavez, essorez et hachez le persil, sans les tiges. Réservez une partie de ce persil haché pour la décoration finale. Égouttez soigneusement le tofu et écrasez-le finement à la fourchette.
- Mélangez le tofu, l'ail, le persil non réservé, la sauce de soja, les amandes en poudre, le parmesan et la farine. Pétrissez jusqu'à obtention d'une pâte élastique. Salez, poivrez, incorporez le zeste de citron. Façonnez des petites boulettes, de la taille d'une noix, avec cette préparation.
- Nettoyez, lavez et émincez les oignons. Nettoyez les champignons et taillez-les en lamelles. Versez l'huile dans une casserole et faites chauffer. Sur feu moyen, faites-y rapidement revenir les oignons ainsi que les champignons, sans cesser de remuer. Versez alors le bouillon de légumes et portez le tout à ébullition. Salez et poivrez, puis plongez les boulettes de tofu dans cette préparation. Faites encore cuire 8 minutes à feu doux. Juste avant de servir bien chaud, parsemez la soupe avec le persil réservé.

Si, lors du pétrissage, la pâte vous semble trop molle, vous pouvez ajouter un peu de farine.

Soupe japonaise de miso *

Moyen

Une vraie soupe végétarienne très saine, aux délicieux parfums exotiques. Au Japon, elle est proposée au petit-déjeuner.

- Grattez la carotte et taillez-la en fins bâtonnets. Essuyez les champignons, retirez les queues et taillez les champignons en fines lanières. Nettoyez et émincez les oignons. Égouttez soigneusement le tofu et découpez-le en petits dés.
- Versez le bouillon de légumes dans une casserole et portez-le à ébullition. Ajoutez-y les légumes et le tofu, puis couvrez et faites cuire 5 minutes à feu moyen, jusqu'à ce que les légumes soient cuits al dente.
- Retirez alors la casserole du feu et versez le miso dans la soupe. Parsemez de persil, remuez et servez aussitôt.

Le mugi-miso est réalisé à base de haricots de soja et d'orge. On le trouve dans les épiceries asiatiques bien achalandées, mais aussi dans les magasins d'alimentation naturelle et diététique.

* *Ingrédients :*

1 carotte
2 champignons frais shiitake
1 botte d'oignons nouveaux
150 g de tofu
50 cl de bouillon de légumes
1 c.c. de mugi-miso
1 bouquet de persil plat, haché

* *Préparation : 10 mn*
* *Cuisson : 10 mn*
* *Pour 2 personnes*

Soupe verte, crème à la ciboulette & au tournesol

Facile

Voici une soupe très économique à réaliser, et pourtant riche en saveurs.

- Nettoyez et lavez les légumes pour la soupe avant de les couper en petits morceaux. Coupez la laitue en quatre, lavez-la et taillez-la en minces lanières. Nettoyez, lavez, égouttez et hachez les épinards. Épluchez et hachez l'oignon.
- Versez l'huile dans une casserole et faites chauffer. Sur feu moyen, faites-y revenir les légumes et l'oignon, sans cesser de remuer. Versez ensuite le bouillon et portez à ébullition. Laissez encore cuire 2 minutes, puis ajoutez la salade et les épinards. Portez une nouvelle fois à ébullition. Salez, poivrez et ajoutez le cumin.
- D'autre part, mélangez la ciboulette, les graines de tournesol et la crème. Relevez cette préparation avec un peu de piment de Cayenne.
- Versez la soupe chaude dans des assiettes creuses. Déposez-y 1 cuillerée à soupe de crème. Présentez le reste de crème à part.

Une petite laitue bien fraîche et ferme s'impose pour donner toute sa saveur à cette préparation.

* *Ingrédients :*

500 g de légumes pour la soupe : carottes, poireau, céleri-rave, tiges de persil
1 laitue
250 g d'épinards
1 oignon
2 c.s. d'huile de tournesol
1 litre de bouillon de légumes
¼ de c.c. de cumin moulu
1 bouquet de ciboulette fraîche, hachée
25 g de graines de tournesol
200 g de crème liquide
Piment de Cayenne
Sel, poivre

* *Préparation : 20 mn*
* *Cuisson : 20 mn*
* *Pour 4 personnes*

▶ Facile

Asperges à la crème d'aneth
& pommes de terre nouvelles *

* *Ingrédients :*
  800 g de pommes de terre nouvelles
  1 kg d'asperges
  10 g de beurre
  1 oignon nouveau
  100 g de yaourt maigre
  2 c.s. de crème fraîche
  2 c.s. de cottage cheese
  1 bouquet d'aneth frais, haché
  Sel, poivre

* *Préparation : 20 mn*
* *Cuisson : 25 mn*
* *Pour 2 personnes*

- Frottez les pommes de terre, puis, sans les éplucher, faites-les cuire 15 à 20 minutes (en fonction de leur taille) dans un peu d'eau. Épluchez les asperges et retirez les parties dures. Versez une grande quantité d'eau dans une casserole, salez et ajoutez le beurre. Portez à ébullition, puis plongez-y les asperges. Faites-les bouillir et cuire al dente 10 à 20 minutes.
- Retirez les feuilles flétries de l'oignon, ainsi que l'extrémité de la racine. Lavez-le et émincez-le. Préparez la crème d'aneth. Dans un bol, mélangez le yaourt, la crème fraîche et le cottage cheese. Ajoutez l'aneth et l'oignon. Salez et poivrez, puis mélangez tous ces ingrédients.
- Retirez les asperges de leur eau de cuisson. Égouttez-les soigneusement et dressez-les sur les assiettes de service. Ajoutez les pommes de terre. Servez aussitôt, bien chaud, avec la crème d'aneth.

▶ Facile

Boulettes de millet, sauce tomate
& garniture de choucroute

* *Ingrédients :*
  1 c.c. de bouillon de légumes
  200 g de millet
  500 g de choucroute crue
  3 oignons
  2 pommes
  3 c.s. de jus de citron pressé
  500 g de tomates
  3 c.s. d'huile de maïs
  1 feuille de laurier
  12 cl de jus de pomme naturel
  2 œufs entiers
  1 bouquet de persil plat, haché
  40 g de farine de blé complet
  2 feuilles de sauge fraîche, hachées
  2 c.s. de crème fraîche
  ½ bouquet de ciboulette hachée
  Sel, poivre

* *Préparation : 20 mn*
* *Cuisson : 1 h 20 mn*
* *Pour 5 personnes*

- Faites bouillir 50 centilitres d'eau dans une casserole, ajoutez le bouillon de légumes et le millet, puis couvrez et faites cuire 30 minutes à feu doux. Laissez ensuite tiédir. Égouttez soigneusement la choucroute. Épluchez et hachez les oignons. Épluchez les pommes et coupez-les en dés puis arrosez de jus de citron. Retirez le pédoncule des tomates, pelez et taillez-les en dés.
- Faites chauffer le tiers de l'huile et, sur feu moyen, faites revenir le tiers des oignons. Ajoutez la choucroute, le laurier et le jus de pomme. Salez et poivrez. Portez à ébullition et faites cuire, à couvert et sur feu doux, pendant 20 minutes. Ajoutez les pommes et poursuivez la cuisson pendant 10 minutes.
- Préparez les boulettes de millet. Portez une généreuse quantité d'eau salée à ébullition. Mélangez le millet avec les œufs, un tiers des oignons, la farine, le persil et une pointe de sel. Formez 10 boulettes avec ce mélange et plongez-les dans l'eau bouillante. Faites-les cuire 15 minutes à feu très doux.
- Préparez la sauce tomate. Faites chauffer le reste d'huile. Faites-y rissoler le reste des oignons. Ajoutez les tomates et la sauge, puis faites cuire 5 minutes à feu vif. Versez la crème fraîche, salez et poivrez. Retirez les boulettes de millet de l'eau et égouttez-les. Disposez-les sur les assiettes et faites de même avec la choucroute. Nappez de sauce tomate, parsemez de ciboulette et servez aussitôt.

Timbale de pâtes aux épinards *

Facile ◄

Une préparation végétarienne « à la florentine »,
qui connaîtra toujours un franc succès.

- Faites cuire les pâtes de la manière traditionnelle, à l'eau bouillante salée. À la fin de la cuisson, égouttez-les soigneusement.
- Préparez la sauce béchamel. Dans un poêlon, mélangez le lait et la maïzena, et faites épaissir à feu doux. Assaisonnez de noix muscade et de sel.
- Étalez les pâtes dans un plat à gratin et recouvrez-les avec les épinards. Nappez de sauce béchamel et saupoudrez le tout de fromage râpé. Enfournez et faites gratiner sous le gril du four.
- Servez dès la fin de la cuisson, bien chaud.

Vous avez le choix des pâtes, mais sachez que les coquillettes et les macaronis conviennent fort bien pour cette préparation.

* *Ingrédients :*
180 g de pâtes
400 g d'épinards cuits et hachés
40 g de gruyère fraîchement râpé

Pour la sauce béchamel :
25 cl de lait demi-écrémé
20 g de maïzena
Noix muscade
Sel

* *Préparation : 15 mn*
* *Cuisson : 25 mn*
* *Pour 4 personnes*

Curry de légumes variés

Moyen ◄

Une superbe préparation qui associe de
savoureux légumes et d'excellentes épices.

- Épluchez les légumes et coupez-les en petits morceaux. Épluchez et hachez les oignons. Pilez les épices dans un mortier et réservez-les.
- Versez l'huile dans une casserole et faites chauffer. Faites-y dorer les oignons, puis ajoutez le lait et le vinaigre, sans cesser de remuer.
- Ajoutez ensuite les épices pilées, le concentré de tomates, les tomates pelées, le sucre roux et le cube de bouillon de légumes.
- Portez le tout à ébullition, puis faites mijoter pendant environ 1 heure, en remuant régulièrement la préparation.
- À ce moment, ajoutez les légumes et poursuivez la cuisson pendant 35 minutes environ, en remuant de temps à autre. Servez dès la fin de la cuisson, bien chaud.

Vous avez le choix des légumes, en fonction de la saison : carottes, brocolis, choux-fleurs, navets... Mais dans tous les cas, prévoyez du riz blanc en accompagnement.

* *Ingrédients :*
1 kg de légumes variés
400 g d'oignons
2 c.c. de curcuma moulu
1 c.c. de graines de cumin
1 c.c. de graines de moutarde
1 c.c. de graines de fenugrec
2 c.s. de graines de coriandre
3 pincées de piment moulu
1 c.c. de gingembre moulu
1 c.c. de grains de poivre
2 c.s. d'huile de tournesol
30 cl de lait demi-écrémé
2 c.s. de vinaigre de vin blanc
1 c.s. de concentré de tomates
400 g de tomates pelées
2 c.c. de sucre roux
1 cube de bouillon de légumes

* *Préparation : 10 mn*
* *Cuisson : 1 h 35 mn*
* *Pour 4 personnes*

▶ Facile

Farandole de légumes au tofu *

* *Ingrédients :*
  1 morceau de gingembre frais
  ¼ de poivron rouge
  1 gousse d'ail
  200 g de tofu
  1 c.s. de jus de citron pressé
  150 g de haricots verts
  150 g de carottes
  2 tomates
  300 g de brocolis
  1 échalote
  1 c.s. d'huile de maïs
  15 cl de bouillon de légumes
  ½ bouquet de thym frais
  Sel, poivre

* *Préparation : 20 mn*
* *Repos : 2 h*
* *Cuisson : 25 mn*
* *Pour 2 personnes*

- Épluchez le gingembre et coupez-le en petits dés. Retirez les graines ainsi que les filaments blancs et durs du poivron, puis taillez-le en lanières. Pelez et hachez la gousse d'ail. Égouttez soigneusement le tofu et taillez-le en petits dés. Mélangez-le ensuite avec le gingembre, l'ail, le poivron et le jus de citron. Laissez reposer ce mélange pendant 2 heures.
- Lavez et équeutez les haricots, puis coupez-les en deux. Grattez les carottes et coupez-les en bâtonnets. Pelez les tomates et coupez-les en dés. Lavez les brocolis et détachez les petits bouquets. Épluchez les tiges et coupez-les en morceaux. Épluchez et hachez finement l'échalote.
- Versez l'huile dans une casserole et faites rissoler l'échalote jusqu'à ce qu'elle soit transparente. Ajoutez ensuite tous les légumes, à l'exception des tomates, et faites cuire le tout à feu moyen pendant une quinzaine de minutes. Mélangez le bouillon de légumes et les tomates à la préparation aux légumes. Salez, poivrez, couvrez et faites cuire 5 minutes à feu moyen. Ajoutez le tofu et sa marinade, couvrez et poursuivez la cuisson 5 minutes, jusqu'à ce qu'il soit al dente. Lavez le thym, mélangez les feuilles avec les légumes et servez aussitôt.

▶ Facile

Gratin de tofu aux légumes, sauce au safran

Cette préparation raffinée est subtilement relevée au safran.

* *Ingrédients :*
  250 g de pois gourmands
  2 bottes d'oignons nouveaux
  250 g de tofu
  Quelques branches d'estragon frais
  200 g de crème fraîche liquide
  1 dose de safran en poudre
  Piment de Cayenne
  Sel
  Poivre

* *Préparation : 20 mn*
* *Cuisson : 32 mn*
* *Pour 3 personnes*

- Nettoyez les pois gourmands et lavez-les. Plongez-les 2 minutes dans une casserole d'eau bouillante salée, puis passez-les rapidement sous l'eau froide et égouttez-les.
- Nettoyez, lavez et émincez les oignons (avec leur partie verte). Égouttez soigneusement le tofu et débitez-le en fines tranches. Lavez l'estragon et hachez finement les feuilles.
- Dans un bol, mélangez la crème liquide, l'estragon et le safran. Salez, poivrez et ajoutez un peu de piment de Cayenne.
- Dans un plat à gratin, disposez en couches successives, en les faisant se chevaucher, les pois gourmands, les oignons et le tofu. Arrosez de sauce au safran et enfournez à mi-hauteur du four. Faites gratiner 30 minutes à 240 °C (th. 8). Servez dès la sortie du four.

Vous pouvez parsemer la préparation de ciboulette hachée juste avant de la servir. Quelques pommes de terre nature font un parfait accompagnement.

Gratin de légumes à la saveur de paprika *

Moyen

Le paprika relève et parfume agréablement ce savoureux gratin.

- Nettoyez les courgettes et taillez-les en dés. Épluchez les oignons et émincez-les. Hachez grossièrement la choucroute. Pelez et hachez l'ail.
- Mélangez le lait avec la farine, le paprika, de la noix de muscade, du sel et du poivre. Cassez les œufs en séparant les blancs des jaunes. Incorporez les jaunes au mélange, puis ajoutez les courgettes, les oignons, la choucroute, l'ail et le persil.
- Battez les blancs d'œufs en une neige très ferme. Intégrez-les aussi à la préparation. Saupoudrez celle-ci de fromage râpé et mélangez.
- Transvasez la préparation dans un plat à gratin et enfournez à mi-hauteur du four. Faites gratiner 45 minutes à 180 °C (th. 6).

Vous pouvez modifier la quantité de paprika en fonction de votre goût ou de votre envie du moment.

* *Ingrédients :*

500 g de courgettes
250 g d'oignons nouveaux
250 g de choucroute
2 gousses d'ail
10 cl de lait entier
75 g de farine de blé complet
1 c.c. de paprika en poudre
Noix muscade
2 œufs entiers
1 bouquet de persil plat, haché
125 g d'emmenthal râpé
Sel, poivre

* *Préparation : 45 mn*
* *Cuisson : 45 mn*
* *Pour 4 personnes*

Riz aux lentilles, épinards au curry

Moyen

- Épluchez et hachez l'oignon. Mettez le beurre dans une casserole et faites chauffer. Faites rissoler l'oignon. Ajoutez alors le riz, les lentilles et le bouillon de légumes. Portez le tout à ébullition, couvrez et faites cuire 45 minutes à feu doux. Nettoyez, lavez et essorez les épinards. Égouttez le tofu, puis coupez-le en dés. Pelez et hachez les gousses d'ail. Mélangez le curcuma, le cumin, la coriandre, le gingembre, une généreuse pincée de piment de Cayenne et du sel.
- Versez 3 cuillerées à soupe d'huile dans une poêle et faites chauffer. Sur feu moyen, faites-y revenir le mélange d'épices, l'ail et le tofu, sans cesser de tourner et jusqu'à la formation d'une croûte sur le tofu. Réservez au chaud. Versez l'huile restante dans la même poêle. Sur feu moyen, faites cuire les épinards et les noix, par portions et jusqu'à ce que les épinards soient tendres. Mélangez chaque portion avec le tofu. Réservez au chaud.
- Assaisonnez ensuite la préparation aux épinards avec le jus de citron, du piment de Cayenne et un peu de sel. Répartissez cette préparation dans les assiettes de service, avec le riz aux lentilles. Dans un bol, battez le yaourt et la crème fraîche. Répartissez cette préparation sur les épinards au curry, parsemez de persil et servez aussitôt.

* *Ingrédients :*

1 oignon
10 g de beurre
100 g de riz complet à grains longs
100 g de lentilles brunes
50 cl de bouillon de légumes
1 kg d'épinards frais
250 g de tofu
2 gousses d'ail
1 c.c. de curcuma moulu
1 c.c. de cumin moulu
1 c.c. de coriandre en poudre
½ c.c. de gingembre en poudre
Piment de Cayenne
5 c.s. d'huile de tournesol
50 g de noix hachées
1 citron jaune pressé
100 g de yaourt maigre
1 c.s. de crème fraîche
1 bouquet de persil plat
Sel

* *Préparation : 20 mn*
* *Cuisson : 32 mn*
* *Pour 3 personnes*

▶ Moyen

Légumes du soleil en hachis Parmentier *

* *Ingrédients :*
  1 oignon
  2 gousses d'ail
  200 g de tomates
  200 g de courgettes
  200 g de fenouil
  2 c.s. d'huile d'olive vierge extra
  1 brin de thym
  Noix muscade
  2 c.s. de crème fraîche
  800 g de purée de pommes de terre
  80 g de gruyère râpé
  Sel, poivre

* *Préparation : 20 mn*
* *Cuisson : 40 mn*
* *Pour 4 personnes*

- Épluchez et émincez l'oignon. Pelez et émincez les gousses d'ail. Coupez les tomates (sans leur pédoncule) et les courgettes en petits dés. Émincez le fenouil.
- Versez l'huile d'olive dans une casserole et faites chauffer. Faites-y revenir l'oignon et l'ail, puis ajoutez les courgettes, les tomates, le fenouil et le thym. Salez et poivrez, puis faites cuire à feu doux, jusqu'à ce que les légumes soient fondus. Laissez ensuite évaporer toute l'eau. Enfin, écrasez le tout à la fourchette. Rectifiez l'assaisonnement et ajoutez la crème fraîche ainsi que de la noix muscade selon le goût.
- Disposez une couche de purée de pommes de terre dans un plat à gratin. Recouvrez avec les légumes écrasés, puis couvrez à leur tour ceux-ci avec une autre couche de purée de pommes de terre. Saupoudrez de gruyère râpé et enfournez. Faites gratiner sous le gril du four. Servez dès la fin de la cuisson, bien chaud.

▶ Facile

Endives simplement gratinées

Une préparation toute simple qui ne demande qu'à se laisser savourer.

* *Ingrédients :*
  1,2 kg d'endives fraîches
  100 g de gruyère fraîchement râpé

  Pour la sauce béchamel :
  50 g de maïzena
  50 cl de lait entier
  Noix muscade
  Sel
  Poivre

* *Préparation : 10 mn*
* *Cuisson : 20 mn*
* *Pour 4 personnes*

- Enlevez toutes les feuilles flétries des endives. Coupez les autres feuilles en fines lanières et faites-les cuire une dizaine de minutes à l'étouffée.
- Préparez la sauce béchamel. Dans un poêlon, délayez la maïzena dans le lait froid, puis faites chauffer 2 minutes à feu doux. Assaisonnez de muscade, de sel et de poivre selon le goût.
- Dès que les endives sont cuites, mélangez-y la sauce béchamel et disposez cette préparation dans un plat à gratin. Saupoudrez de fromage râpé et enfournez. Faites gratiner 6 à 8 minutes sous le gril du four.
- Servez bien chaud, dès la sortie du four.

Des pommes de terre en papillotes sont parfaites en accompagnement.

Risotto de légumes du soleil *

Facile

Des aubergines, des tomates, de l'ail, des olives, du basilic, de l'huile d'olive... Du soleil dans votre assiette !

- Lavez et épluchez les aubergines. Coupez-les en petits morceaux. Retirez le pédoncule des tomates, puis pelez-les et épépinez-les. Épluchez et émincez l'oignon. Pelez et écrasez les gousses d'ail. Coupez les olives dénoyautées en rondelles. Mettez les aubergines, les tomates, l'oignon, l'ail, les olives et le basilic dans une casserole, salez et poivrez, puis faites cuire tous ces ingrédients.
- Versez l'huile dans une poêle et faites chauffer. Versez-y le riz en pluie, remuez bien et faites cuire 1 minute. Ajoutez 1 louche d'eau chaude et remuez. Continuez à ajouter de l'eau chaude, avec un maximum de 60 centilitres, au fur et à mesure qu'elle est absorbée par le riz. Laissez mijoter 20 minutes à feu doux.
- Dès que le riz est tendre, salez, poivrez et ajoutez les légumes cuits, ainsi que le fromage émietté. Retirez la préparation du feu. Mélangez bien tous les ingrédients et servez aussitôt.

* *Ingrédients :*
500 g d'aubergines
400 g de tomates
1 oignon
2 gousses d'ail
20 olives noires dénoyautées
4 branches de basilic hachées
2 c.s. d'huile d'olive vierge extra
200 g de riz rond
200 g de gorgonzola, émietté
Sel, poivre

* *Préparation : 15 mn*
* *Cuisson : 25 mn*
* *Pour 4 personnes*

Potée de lentilles vertes aux légumes variés

Facile

Cette recette quelque peu roborative mélange avec bonheur de très nombreuses saveurs.

- Pelez les gousses d'ail. Grattez les carottes. Épluchez les pommes de terre et les oignons. Coupez les carottes, les pommes de terre et les oignons en petits dés. Lavez les poireaux et émincez-les.
- Versez tous les ingrédients précédents dans une casserole, ajoutez les lentilles, la feuille de laurier, ainsi que le thym et le romarin effeuillés. Complétez avec 50 centilitres d'eau et faites cuire le tout pendant 40 minutes environ. Salez et poivrez.
- À la fin de la cuisson, retirez la feuille de laurier de la préparation et servez aussitôt.

Cette préparation, très nourrissante, se suffit à elle-même. Si, toutefois, vous désirez absolument lui offrir un accompagnement, songez à une petite salade verte.

* *Ingrédients :*
2 gousses d'ail
400 g de carottes
400 g de pommes de terre
4 oignons
400 g de poireaux
200 g de lentilles vertes
1 feuille de laurier
1 brin de thym
1 brin de romarin
Sel, poivre

* *Préparation : 15 mn*
* *Cuisson : 40 mn*
* *Pour 4 personnes*

▶ Facile

Galettes aux légumes & au tofu, parfum de cumin*

* *Ingrédients :*
  600 g de légumes frais, variés
  2 gousses d'ail
  250 g de tofu
  10 feuilles de sauge hachées
  1 œuf entier
  60 g de farine de blé complet
  1 pincée de cumin moulu
  2 c.s. d'huile
  Sel, poivre

* *Préparation : 30 mn*
* *Cuisson : 20 mn*
* *Pour 4 personnes*

- Lavez, puis nettoyez ou épluchez les légumes. Râpez-les très finement, puis mettez-les dans un torchon propre et tordez-le afin d'exprimer un maximum de jus des légumes. Pelez et hachez finement l'ail. Égouttez soigneusement le tofu et écrasez-le finement à la fourchette.
- Pétrissez le tofu à la main, avec les légumes, la sauge, l'ail, l'œuf entier et la farine, jusqu'à obtention d'une pâte souple. Salez et poivrez, ajoutez le cumin et mélangez encore un peu avant de façonner 12 boulettes avec cette préparation et de les aplatir en forme de galettes.
- Faites chauffer l'huile dans une poêle. Faites-y cuire les galettes à feu moyen, en deux fois, pendant 5 minutes sur chaque face.

Vous avez le choix des légumes : poireaux, carottes, pommes de terre...

▶ Facile

Risotto de poireaux au chèvre fermier

Association pleinement réussie entre les poireaux et le fromage de chèvre.

* *Ingrédients :*
  500 g de poireaux
  1 cube de bouillon de légumes
  2 oignons
  200 g de fromage de chèvre fermier, demi-sec
  2 c.s. d'huile d'olive vierge
  200 g de riz rond
  2 c.s. de persil frais, haché
  Noix muscade
  Poivre

* *Préparation : 15 mn*
* *Cuisson : 35 mn*
* *Pour 4 personnes*

- Lavez les poireaux et émincez-les. Versez 60 centilitres d'eau dans une casserole, ajoutez le cube de bouillon de légumes et faites bouillir. Ajoutez ensuite les poireaux et faites cuire le tout pendant 7 ou 8 minutes. À la fin de cette cuisson, égouttez soigneusement les poireaux et réservez leur eau de cuisson.
- Épluchez les oignons et émincez-les. Coupez le fromage de chèvre en petits dés.
- Versez l'huile dans une poêle et faites chauffer. Faites revenir les oignons jusqu'à ce qu'ils soient transparents. Versez-y le riz en pluie, remuez et faites cuire 1 minute. Ajoutez alors 1 louche d'eau de cuisson des poireaux, chaude, puis remuez. Ajoutez de l'eau de cuisson au fur et à mesure que le riz l'absorbe.
- Laissez mijoter pendant 20 minutes, à feu doux. Poivrez, saupoudrez de noix muscade, puis ajoutez les poireaux, le fromage de chèvre et le persil. Mélangez bien tous les ingrédients et servez chaud.

Encore meilleur : remplacez le riz rond par un véritable riz arborio, que les Italiens privilégient pour le risotto.

Pâtes aux légumes, au parmesan*

Facile

- Épluchez et émincez les oignons. Pelez les carottes et coupez-les en rondelles. Lavez les poivrons et émincez-les. Plongez les tomates dans de l'eau bouillante pendant quelques secondes et pelez-les avant de les détailler en petits dés.
- Faites blondir les oignons dans un peu d'huile d'olive, puis ajoutez les tomates, les poivrons, le concentré de tomate, les carottes, le thym, salez, poivrez et laissez cuire à couvert pendant 30 minutes.
- Faites cuire les pâtes al dente de la manière classique, dans de l'eau bouillante salée. À la fin de la cuisson, égouttez-les soigneusement, puis ajoutez de l'huile d'olive. Vérifiez la cuisson des légumes et servez les pâtes avec les légumes et le parmesan.

Ajoutez un sucre dans la sauce aux légumes pour contrer l'acidité des tomates.

* *Ingrédients :*

400 g de pâtes complètes
Huile d'olive vierge extra
2 oignons
4 carottes
2 poivrons
300 g de tomates
1 c.s. de concentré de tomate
1 c.c. de thym séché
Parmesan râpé
Sel, poivre

* *Préparation : 20 mn*
* *Cuisson : 40 mn*
* *Pour 4 personnes*

Spätzle aux légumes

Facile

- Préparez les spätzle. Mélangez la farine avec une pincée de sel et les œufs, jusqu'à obtention d'une pâte épaisse et visqueuse. Couvrez cette pâte et laissez-la reposer jusqu'à ce que les légumes soient prêts. Nettoyez et épluchez le céleri, le chou-rave et les carottes. Détachez les feuilles tendres des légumes et réservez-les. Coupez les légumes en petits dés. Retirez les feuilles extérieures flétries du chou, partagez-le en huit et lavez. Taillez les morceaux et le tronc en lanières. Nettoyez, lavez et taillez les poireaux en petits morceaux.
- Épluchez les oignons et émincez-les. Mettez le beurre et l'huile dans une poêle et faites chauffer. Faites-y blondir les oignons à feu doux, sans cesser de remuer. Faites bouillir le bouillon de légumes et plongez-y les légumes. Portez à nouveau à ébullition, couvrez et faites cuire 10 à 15 minutes, pour que les légumes soient al dente.
- Portez une grande quantité d'eau salée à ébullition. Sur un plan de travail, disposez des petits tas de pâte. Plongez-les dans l'eau frémissante et faites cuire ces spätzle jusqu'à ce qu'ils flottent à la surface. Sortez-les à l'aide d'une écumoire et réservez-les au chaud. Ajoutez les oignons, les légumes et le bouillon aux spätzle, salez et poivrez. Lavez, essuyez et hachez les feuilles réservées des légumes. Saupoudrez-en la préparation et servez aussitôt.

* *Ingrédients :*

200 g de farine de blé complet
4 œufs entiers
400 g de céleri-rave
300 g de chou-rave
250 g de carottes, avec les fanes
500 g de chou vert frisé
250 g de poireaux
250 g d'oignons
25 g de beurre
1 c.c. d'huile de tournesol
10 cl de bouillon de légumes
Sel, poivre

* *Préparation : 30 mn*
* *Cuisson : 30 mn*
* *Pour 4 personnes*

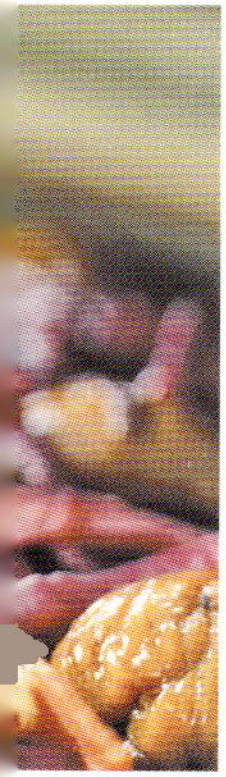

▶ Facile

Mitonnée de chou rouge aux marrons
& aux pommes, parfum de vin rouge *

Le mélange chou rouge-pommes est un classique. Pour cette recette, il est entièrement revu et agrémenté de marrons et de vin rouge. Superbe !

* *Ingrédients :*
  400 g de pommes
  200 g de marrons cuits
  800 g de chou rouge
  100 g d'oignons
  20 cl de vin rouge
  1 clou de girofle
  Sel, poivre

* *Préparation : 15 mn*
* *Cuisson : 25 mn*
* *Pour 4 personnes*

- Épluchez les pommes et coupez-les en quartiers.
- Retirez le cœur et les pépins. Épluchez les marrons.
- Émincez finement le chou rouge. Épluchez et émincez les oignons.
- Mettez tous ces ingrédients dans une grande casserole.
- Ajoutez le vin rouge et un verre d'eau.
- Salez, poivrez et ajoutez le clou de girofle. Faites cuire le tout à feu moyen pendant 25 minutes environ. Servez chaud.

Pour cette préparation, des pommes reinette sont parfaites.

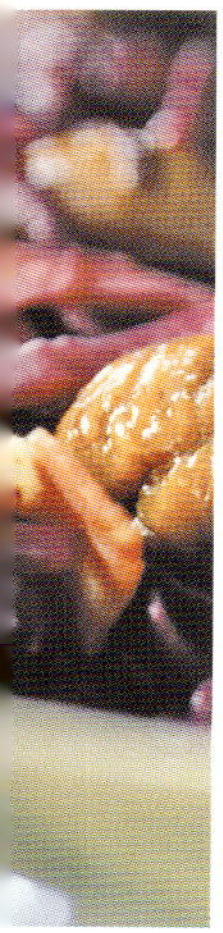

▶ Facile

Mitonnée de fenouil
aux marrons & aux champignons

Quelques saveurs automnales s'échappent de cette succulente mitonnée.

* *Ingrédients :*
  800 g de champignons de Paris
  600 g de fenouil
  2 gousses d'ail
  400 g de marrons cuits
  1 c.s. de persil frais, haché
  Sel
  Poivre

* *Préparation : 15 mn*
* *Cuisson : 25 mn*
* *Pour 4 personnes*

- Nettoyez les champignons et parez-les. Lavez le fenouil et émincez-le. Pelez les gousses d'ail et écrasez-les au presse-ail.
- Mettez le fenouil dans une casserole, ajoutez un demi-verre d'eau et faites cuire 10 minutes.
- Ajoutez ensuite les champignons, l'ail et les marrons et poursuivez la cuisson. Laissez mijoter 15 minutes environ.
- Juste avant la fin de la cuisson, salez, poivrez et saupoudrez de persil. Servez chaud.

Variante : en même temps que le sel et le poivre, vous pouvez incorporer un peu de massalé (environ 2 c.c.) à la préparation. Cette épice est un mélange de coriandre, cumin, fenugrec, graines de moutarde, girofle et curcuma. Autre variante : remplacez les champignons de Paris par la même quantité de champignons des bois.

Mitonnée de pommes de terre aux oignons & aux châtaignes *

Facile ◄

Une mitonnée roborative, à savourer à la saison des châtaignes.

- Épluchez les pommes de terre, puis coupez-les en dés de grosseur moyenne. Épluchez et émincez les oignons.
- Mettez-les dans une casserole avec 3 cuillerées à soupe d'eau et faites cuire jusqu'à ce qu'ils deviennent translucides.
- À ce moment, ajoutez les pommes de terre et les châtaignes. Ajoutez aussi le thym, le persil et le cumin. Salez et poivrez, puis poursuivez la cuisson pendant 30 minutes environ.
- Servez chaud.

Une salade verte ou une salade d'endives : vous avez le choix pour l'accompagnement de cette mitonnée.

* *Ingrédients :*

1 kg de pommes de terre
200 g d'oignons
200 g de châtaignes cuites
1 c.c. de thym frais, haché
2 c.c. de persil frais, haché
1 c.c. de cumin moulu
Sel
Poivre

* *Préparation : 10 mn*
* *Cuisson : 35 mn*
* *Pour 4 personnes*

Mitonnée de haricots & de cèpes à la saveur de whisky

Facile ◄

Quelques gouttes de whisky apportent une originale petite note alcoolisée à cette préparation.

- Effilez les haricots verts. Nettoyez les cèpes avant de les couper.
- Pelez les gousses d'ail et écrasez-les au presse-ail.
- Mettez les haricots, l'ail, le persil et un demi-verre d'eau dans une casserole et faites cuire le tout pendant 10 minutes. À ce moment, ajoutez les cèpes, salez et poivrez.
- Ajoutez ensuite le whisky et un peu de noix muscade selon le goût. Poursuivez la cuisson pendant une dizaine de minutes avant de servir, bien chaud.

Pour cette préparation, privilégiez des haricots extrafins.

* *Ingrédients :*

1 kg de haricots verts
500 g de cèpes
4 gousses d'ail
1 bouquet de persil haché
4 c.s. de whisky
Noix muscade
Sel
Poivre

* *Préparation : 15 mn*
* *Cuisson : 20 mn*
* *Pour 4 personnes*

▶ Facile

Mitonnée de pommes de terre & d'oseille à la crème *

Un grand classique, délicieusement relevé grâce à la muscade.

* *Ingrédients :*
  400 g de pommes de terre
  1,2 kg d'oseille fraîche
  20 cl de crème fraîche
  Noix muscade
  Sel
  Poivre

* *Préparation : 15 mn*
* *Cuisson : 20 mn*
* *Pour 4 personnes*

- Épluchez les pommes de terre et émincez-les très finement. Lavez et essorez soigneusement l'oseille.
- Mettez les pommes de terre et l'oseille dans une casserole,ajoutez un verre d'eau et faites cuire le tout pendant 20 minutes.
- Juste avant la fin de la cuisson, ajoutez la crème fraîche, un peu de noix muscade selon le goût, salez et poivrez.
- Servez chaud.

En accompagnement, vous pouvez proposer une salade verte ou une salade d'endives.

▶ Facile

Mitonnée de tomates & courgettes, aux pruneaux

Deux des plus savoureux légumes du soleil sont ici associés aux pruneaux : une vraie réussite !

* *Ingrédients :*
  1 kg de courgettes
  200 g de pruneaux dénoyautés
  2 gousses d'ail
  1 bouquet de persil frais, haché
  500 g de tomates pelées au naturel
  Sel

* *Préparation : 15 mn*
* *Cuisson : 20 mn*
* *Pour 4 personnes*

- Lavez les courgettes, puis coupez-les en dés. Coupez chaque pruneau en deux. Pelez les gousses d'ail et écrasez-les au presse-ail.
- Mettez les courgettes, les pruneaux, l'ail et le persil dans une casserole. Ajoutez les tomates pelées et salez avec modération.
- Faites cuire le tout, en ajoutant un demi-verre d'eau, pendant 20 minutes environ. Servez dès la fin de la cuisson, bien chaud.

Prévoyez quelques pâtes en accompagnement. Des tagliatelles font toujours merveille.

Aubergines farcies à la mozzarella, hachis ail & basilic* Facile ◄

Préparées ainsi, les aubergines ont non seulement beaucoup de saveurs, mais elles sont aussi superbement parfumées.

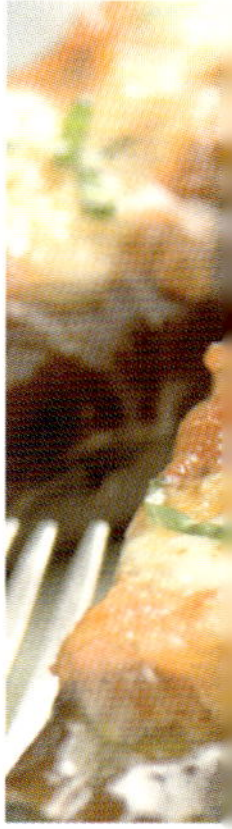

- Lavez les aubergines, puis coupez-les en deux dans le sens de la longueur. Évidez-les, puis faites-les cuire à la vapeur pendant 10 minutes environ.
- Pelez les gousses d'ail et écrasez-les au presse-ail. Mélangez l'ail et le basilic. Coupez le fromage en très fines rondelles. Garnissez les demi-aubergines évidées avec les rondelles de fromage et saupoudrez avec le hachis d'ail-basilic.
- Disposez-les dans un plat à gratin et enfournez. Faites cuire 10 minutes à 180 °C (th. 6), jusqu'à ce que le fromage soit bien fondu. Servez aussitôt, bien chaud.

N'oubliez pas quelques pâtes à la sauce tomate en accompagnement.

* *Ingrédients :*
  2 aubergines
  2 gousses d'ail
  20 feuilles de basilic, hachées
  250 g de mozzarella

* *Préparation : 15 mn*
* *Cuisson : 20 mn*
* *Pour 4 personnes*

Courgettes farcies aux noix & au fromage râpé Facile ◄

On ne songe pas forcément à associer les courgettes et les noix. Et pourtant, quel délice !

- Lavez les courgettes, puis coupez-les en deux dans la longueur. Évidez-les soigneusement. Faites cuire les demi-courgettes et la pulpe retirée une dizaine de minutes à la vapeur.
- Versez le lait dans une casserole et faites chauffer. Faites-y tremper la mie de pain, puis ajoutez les œufs préalablement battus en omelette, la pulpe des courgettes, le fromage râpé et les noix concassées. Salez et poivrez, puis mélangez tous les ingrédients.
- Farcissez les demi-courgettes avec cette préparation et enfournez. Faites cuire et gratiner 10 à 15 minutes à 180 °C (th. 6).
- Servez bien chaud, dès la sortie du four.

Variante : remplacez le lait par la même quantité de lait de soja. Vous pouvez aussi remplacer le parmesan par du gruyère râpé. En sachant toutefois que le parmesan apporte une note de saveur et de légèreté à la préparation.

* *Ingrédients :*
  2 courgettes
  15 cl de lait
  80 g de mie de pain
  2 œufs entiers, battus en omelette
  120 g de parmesan râpé
  100 g de noix concassées
  Sel
  Poivre

* *Préparation : 15 mn*
* *Cuisson : 25 mn*
* *Pour 4 personnes*

▶ Facile

Tomates farcies aux quatre légumes

Vous connaissiez déjà les tomates farcies avec de la viande hachée ou avec du riz. Voici une délicieuse variante 100 % végétarienne.

* *Ingrédients :*
  4 tomates à farcir
  100 g de courgettes
  100 g de navets
  100 g de carottes
  100 g d'oignons
  2 œufs entiers, battus en omelette
  1 c.s. de thym frais, haché
  ½ c.s. de romarin frais, haché
  Noix muscade
  Sel

* *Préparation : 15 mn*
* *Cuisson : 20 mn*
* *Pour 4 personnes*

- Coupez un chapeau à chaque tomate, puis évidez-les en récupérant soigneusement la pulpe.
- Lavez les courgettes. Épluchez les navets. Grattez les carottes. Épluchez les oignons. Râpez finement ces 4 légumes. Faites-les ensuite cuire 10 minutes à la vapeur.
- À la fin de leur cuisson, incorporez-les aux œufs. Ajoutez la pulpe des tomates, le thym et le romarin. Salez et assaisonnez de noix muscade selon le goût. Farcissez ensuite les tomates avec cette préparation et disposez-les dans un plat à gratin.
- Enfournez, puis faites-les cuire 15 à 20 minutes à 180 °C (th. 6). Servez dès la sortie du four, bien chaud.

En accompagnement, prévoyez un riz complet.

▶ Facile

Champignons farcis à la purée
de lentilles vertes & gratinés

Une très originale manière de préparer les champignons de Paris.

* *Ingrédients :*
  4 gros champignons de Paris
  125 g de lentilles vertes, crues
  6 feuilles de sauge
  2 œufs entiers, battus en omelette
  60 g de gruyère fraîchement râpé
  Sel
  Poivre

* *Préparation : 10 mn*
* *Cuisson : 35 mn*
* *Pour 4 personnes*

- Nettoyez les champignons, coupez leurs pieds et faites cuire les têtes une dizaine de minutes à la vapeur. Réservez au frais.
- Faites cuire les lentilles pendant 20 minutes environ, dans 2,5 fois leur volume d'eau. Ajoutez la sauge, salez et poivrez.
- À la fin de leur cuisson, mixez les lentilles jusqu'à obtention d'une purée, puis ajoutez-y les œufs battus. Garnissez alors les têtes des champignons avec le mélange aux lentilles et saupoudrez de gruyère râpé.
- Enfournez et faites cuire 5 ou 6 minutes à 210 °C (th. 7), pour gratiner.

Cette préparation se déguste chaude ou tiède.

Courgettes farcies au tofu
& au gorgonzola, sauce tomate

Facile

- Égouttez soigneusement le tofu, puis émiettez-le finement. Zestez le citron et hachez le zeste. Pressez le demi-citron. Pelez et écrasez la gousse d'ail. Mélangez le tofu, le zeste et le jus de citron, l'ail et le thym.
- Lavez les courgettes, coupez leurs extrémités et coupez les légumes en deux, dans la longueur. Évidez-les et coupez la chair en très petits morceaux. Pelez les tomates et taillez-les en petits dés. Mélangez ceux-ci avec la chair des courgettes et la crème fraîche. Salez, poivrez et assaisonnez de noix muscade selon le goût. Disposez ce mélange, en une couche, dans un plat à four.
- Préparez la farce des courgettes. Coupez le gorgonzola en petits dés. Nettoyez les champignons et coupez-les en petits dés également. Lavez, nettoyez et émincez les oignons, avec leur partie verte. Mélangez la préparation au tofu, le gorgonzola, les champignons, les oignons, le persil et les graines de tournesol. Salez et poivrez.
- Farcissez les courgettes avec cette préparation et disposez-les dans le plat à four, sur la sauce tomate. Ajoutez le beurre en parcelles. Enfournez à mi-hauteur et faites cuire 40 minutes à 200 °C (th. 6-7), jusqu'à ce que les courgettes soient dorées. Servez dès la sortie du four, bien chaud.

* *Ingrédients :*

200 g de tofu
½ citron jaune non traité
1 gousse d'ail
3 branches de thym effeuillé
4 courgettes
400 g de tomates
100 g de crème fraîche épaisse
50 g de gorgonzola
50 g de champignons de couche
1 botte d'oignons nouveaux
3 brins de persil plat, haché
1 c.s. de graines de tournesol
20 g de beurre, en parcelles
Noix muscade
Sel, poivre

* *Préparation : 30 mn*
* *Cuisson : 40 mn*
* *Pour 4 personnes*

Poivrons farcis au riz et aux tomates *

Facile

Riche en saveurs et haute en parfums : voilà une préparation pleine de générosité.

- Épluchez et émincez finement l'oignon. Lavez les poivrons, coupez leur chapeau et retirez les graines ainsi que les filaments blancs et durs. Faites ensuite cuire les poivrons 20 minutes à la vapeur, puis réservez-les.
- Dans un plat creux, mélangez le riz complet, la purée de tomates, l'oignon, l'estragon, les œufs préalablement battus en omelette et la cardamome. Salez et poivrez.
- Farcissez ensuite les poivrons avec cette préparation et disposez-les dans un plat à gratin. Enfournez et faites cuire 15 minutes environ, à 180 °C (th. 6).
- Servez dès la sortie du four, bien chaud.

À vous de choisir la couleur des poivrons. Et pourquoi pas 4 poivrons de couleurs différentes : rouge, vert, orange et jaune ?

* *Ingrédients :*
  1 oignon
  4 poivrons
  400 g de riz complet, cuit
  200 g de purée de tomates
  2 brins d'estragon ciselés
  2 œufs entiers, battus en omelette
  2 à 3 pincées de cardamome moulue
  Sel, poivre

* *Préparation : 15 mn*
* *Cuisson : 35 mn*
* *Pour 4 personnes*

Pommes de terre farcies
au chou blanc, saveur de cumin

Facile

Pommes de terre et chou blanc : deux ingrédients roboratifs pour une préparation qui, en définitive, ne sera pas trop lourde.

- Épluchez les pommes de terre, puis évidez-les légèrement en retirant environ 50 grammes de chair par pomme de terre. Faites ensuite cuire les pommes de terre évidées et la chair de pommes de terre pendant 15 minutes à la vapeur.
- Lavez le chou et émincez-le. Faites-le cuire 10 à 15 minutes à la vapeur.
- À la fin des deux cuissons, mixez ensemble le chou et la chair des pommes de terre. Ajoutez-y les œufs, le cumin, un peu de sel et de poivre.
- Farcissez les pommes de terre avec cette préparation et disposez-les dans un plat à gratin. Enfournez, puis faites cuire et gratiner 10 minutes à 180 °C (th. 6). Servez dès la sortie du four, bien chaud.

Variante . remplacez le chou blanc par la même quantité de chou vert.

* *Ingrédients :*
  4 pommes de terre, pour un poids total d'environ 800 g
  400 g de chou blanc
  2 œufs entiers, battus en omelette
  ½ c.c. de cumin moulu
  Sel
  Poivre

* *Préparation : 15 mn*
* *Cuisson : 40 mn*
* *Pour 4 personnes*

▶ Difficile

Raviolis farcis au tofu, garniture d'épinards

D'ordinaire, les raviolis sont farcis à la viande. Dans cette recette, la viande est remplacée par du tofu, pour des raviolis sains, raffinés et délicieux.

* *Ingrédients :*
  300 g de farine de blé complète
  1 c.s. d'huile d'olive vierge extra
  2 œufs entiers
  300 g de tofu
  4 c.s. de lait
  1 tomate
  3 brins de thym frais, effeuillés
  1 bouquet de basilic frais, haché
  750 g d'épinards
  1 oignon
  1 gousse d'ail
  20 g de beurre
  125 g de crème fraîche liquide
  4 branches de persil plat, haché
  Noix muscade
  Sel
  Poivre

* *Préparation : 1 h*
* *Repos : 30 mn*
* *Cuisson : 5 mn*
* *Pour 6 personnes*

- Dans un plat, mélangez la farine et une pincée de sel. Ajoutez l'huile d'olive, les œufs et 5 cuillerées à soupe d'eau tiède. Travaillez le tout jusqu'à obtention d'une pâte lisse. Façonnez cette pâte en une boule, enveloppez-la dans du papier sulfurisé et laissez-la reposer 30 minutes à température ambiante.
- Égouttez soigneusement le tofu, puis mettez-le dans le bol d'un mixeur, avec le lait. Mixez jusqu'à obtention d'une purée.
- Lavez la tomate, coupez-la en deux, égrainez-la et coupez-la en petits dés. Mélangez ceux-ci avec le thym, le basilic et la purée de tofu. Salez et poivrez, puis assaisonnez de muscade selon le goût.
- Pétrissez à nouveau la pâte pour les raviolis et divisez-la en portions. Étalez celles-ci en minces disques sur un plan de travail propre. Disposez la moitié des disques à intervalles de 4 ou 5 centimètres et recouvrez chacun avec 1 cuillerée à café de farce. Badigeonnez d'eau froide la pâte qui dépasse et posez par-dessus un deuxième disque de pâte. Pressez bien les bords, puis coupez les disques en raviolis.
- Nettoyez et lavez les épinards, puis égouttez-les soigneusement. Épluchez et hachez l'oignon. Pelez et hachez l'ail.
- Portez une grande quantité d'eau salée à ébullition. Faites-y cuire les raviolis 3 minutes, pour les avoir al dente. Égouttez-les et réservez-les au chaud.
- Mettez le beurre dans une casserole et faites fondre. Faites-y rissoler l'oignon et l'ail jusqu'à ce qu'ils soient translucides. À ce moment, ajoutez les épinards et faites-les rapidement revenir. Ajoutez la crème liquide, salez et poivrez. Faires alors cuire à couvert et à feu moyen pendant 2 minutes, jusqu'à ce que les épinards s'affaissent.
- Disposez les raviolis dans les assiettes de service, recouvrez-les de garniture aux épinards, parsemez de persil et servez aussitôt.

Pour une recette encore plus diététique, vous pouvez remplacer le lait par la même quantité de lait de soja.

▶ Facile

Crêpes de sarrasin au potiron

Le potiron fait une savoureuse soupe... et de succulentes crêpes.

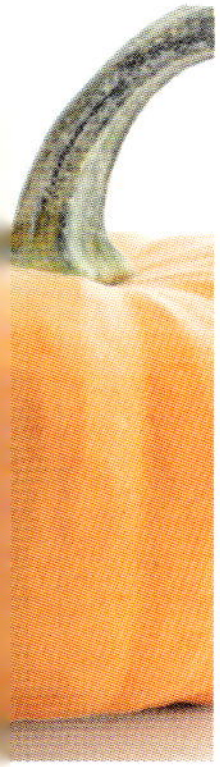

* *Ingrédients :*
  75 g de farine de sarrasin
  1 œuf entier
  25 cl de lait demi-écrémé
  2 c.c. d'huile
  Sel

  Pour la garniture :
  600 g de potiron
  100 g de noisettes concassées
  Noix muscade
  Cannelle
  Sel

* *Préparation : 15 mn*
* *Cuisson : 20 mn*
* *Pour 4 personnes*

- Préparez la pâte à crêpes. Versez la farine dans un plat, ajoutez l'œuf et une pincée de sel. Mélangez et délayez avec le lait et l'huile.
- Laissez reposer la préparation quelques instants, puis faites cuire 4 crêpes de la manière classique. Réservez-les au chaud.
- Préparez la garniture. Râpez le potiron et faites-le cuire 15 minutes à la vapeur.
- Ajoutez alors les noisettes concassées, un peu de noix muscade et de cannelle moulue selon le goût. Salez, puis garnissez les crêpes avec cette préparation.
- Servez aussitôt, bien chaud.

▶ Facile

Crêpes de sarrasin aux aubergines & à l'ail

De l'aubergine, de l'ail et du basilic : ces crêpes ont un petit quelque chose qui évoque le Sud.

* *Ingrédients :*
  75 g de farine de sarrasin
  1 œuf entier
  25 cl de lait demi-écrémé
  2 c.c. d'huile
  Sel

  Pour la garniture :
  2 gousses d'ail
  800 g d'aubergines
  20 feuilles de basilic frais, hachées
  Sel
  Poivre

* *Préparation : 15 mn*
* *Cuisson : 40 mn*
* *Pour 4 personnes*

- Préparez la pâte à crêpes. Versez la farine dans un plat, ajoutez l'œuf et une pincée de sel. Mélangez et délayez avec le lait et l'huile.
- Laissez reposer la préparation quelques instants, puis faites cuire 4 crêpes de la manière classique. Réservez-les au chaud.
- Préparez la garniture. Pelez les gousses d'ail et écrasez-les au presse-ail. Épluchez les aubergines, puis coupez leur chair en petits dés. Faites-les ensuite cuire 30 minutes à l'étouffée, avec l'ail écrasé et le basilic haché, du sel et du poivre.
- Garnissez ensuite les crêpes avec cette préparation et servez aussitôt, bien chaud.

Variante : vous pouvez éventuellement remplacer la farine de sarrasin par la même quantité de farine de blé.

Crêpes de sarrasin aux deux poivrons & aux champignons

Facile

- Préparez la pâte à crêpes. Versez la farine dans un plat, ajoutez l'œuf et une pincée de sel. Mélangez et délayez avec le lait et l'huile. Laissez reposer la préparation quelques instants, puis faites cuire 4 crêpes de la manière classique. Réservez-les au chaud.
- Préparez la garniture. Lavez et équeutez les poivrons. Coupez-les en deux et retirez les graines ainsi que les filaments blancs et durs. Coupez ensuite leur chair en fines lanières. Lavez et émincez les champignons.
- Épluchez et émincez les oignons. Pelez la gousse d'ail et écrasez-la au presse-ail.
- Versez l'huile dans une poêle et faites chauffer. Faites-y revenir l'oignon et l'ail, puis ajoutez les champignons et les poivrons. Salez, poivrez et assaisonnez de muscade selon le goût. Faites cuire à l'étouffée pendant 20 minutes environ. Garnissez les crêpes avec cette garniture et servez aussitôt, bien chaud.

* *Ingrédients :*

75 g de farine de sarrasin
1 œuf entier
25 cl de lait demi-écrémé
2 c.c. d'huile

Pour la garniture :
200 g de poivrons mélangés
400 g de champignons de Paris
100 g d'oignons
1 gousse d'ail
1 c.s. d'huile d'olive vierge
Noix muscade
Sel, poivre

* *Préparation : 15 mn*
* *Cuisson : 25 mn*
* *Pour 4 personnes*

Crêpes de sarrasin aux courgettes & mozzarella

Facile

L'association des courgettes et de la mozzarella est ici particulièrement réussie.

- Préparez la pâte à crêpes. Versez la farine dans un plat, ajoutez l'œuf et une pincée de sel. Mélangez et délayez avec le lait et l'huile. Laissez reposer la préparation quelques instants, puis faites cuire 4 crêpes de la manière classique. Réservez-les au chaud.
- Préparez la garniture. Lavez les courgettes et râpez-les. Pelez la gousse d'ail et écrasez-la au presse-ail. Coupez la mozzarella en fines lamelles. Faites ensuite cuire les courgettes à l'étouffée pendant 15 minutes environ, avec l'ail, le basilic, du sel et du poivre.
- Garnissez alors les crêpes avec les courgettes et les lamelles de mozzarella, puis enfournez quelques minutes à 240 °C (th. 8), juste le temps que la mozzarella commence à fondre.

Variante : vous pouvez éventuellement remplacer la farine de sarrasin par la même quantité de farine de blé.

* *Ingrédients :*

75 g de farine de sarrasin
1 œuf entier
25 cl de lait demi-écrémé
2 c.c. d'huile
Sel

Pour la garniture :
600 g de courgettes
1 gousse d'ail
160 g de mozzarella
20 feuilles de basilic hachées
Sel, poivre

* *Préparation : 15 mn*
* *Cuisson : 20 mn*
* *Pour 4 personnes*

▶ Facile

Soufflé au gruyère râpé, saveur de cannelle*

Tout l'attrait de cette préparation réside dans ce délicieux parfum de cannelle...

* *Ingrédients :*
  2 œufs entiers
  40 g de maïzena
  40 cl de lait entier
  120 g de gruyère râpé
  ½ c.c. de cannelle moulue
  Noix muscade
  Sel, poivre

* *Préparation : 10 mn*
* *Cuisson : 30 mn*
* *Pour 4 personnes*

- Cassez les œufs en séparant les blancs des jaunes. Réservez les jaunes. Montez les blancs en une neige très ferme.
- Dans un poêlon, délayez la maïzena avec le lait, puis faites épaissir sur feu doux. Ajoutez alors le fromage râpé, la cannelle, la muscade et les jaunes d'œufs réservés. Salez, poivrez et mélangez. À ce moment, incorporez délicatement les blancs d'œufs montés en neige.
- Transvasez cette préparation dans un moule à soufflé et enfournez. Faites cuire 30 minutes à 150 °C (th. 5).
- Servez dès la sortie du four, bien chaud.

N'oubliez pas quelques crudités en accompagnement.

▶ Moyen

Soufflé à la purée de pommes de terre & à l'ail

Une recette relativement classique, toujours appréciée.

* *Ingrédients :*
  3 œufs entiers
  4 gousses d'ail
  500 g de purée de pommes de terre
  4 brins de persil frais, haché
  Sel
  Poivre

* *Préparation : 15 mn*
* *Cuisson : 30 mn*
* *Pour 4 personnes*

- Cassez les œufs en séparant les blancs des jaunes. Réservez les jaunes. Battez les blancs en une neige très ferme. Pelez les gousses d'ail et écrasez-les au presse-ail.
- Ajoutez l'ail à la purée de pommes de terre, puis incorporez le persil, les jaunes d'œufs réservés, du sel et du poivre. Mélangez, puis incorporez délicatement les blancs d'œufs en neige.
- Transvasez cette préparation dans un moule à soufflé et enfournez. Faites cuire 30 minutes environ, à 150 °C (th. 5), sans ouvrir la porte du four.
- Servez dès la fin de la cuisson, bien chaud.

Bien sûr, cette préparation sera nettement meilleure si la purée de pommes de terre est faite maison.

Soufflé au roquefort & aux noix*

Facile

L'association du roquefort et des noix est un grand classique.
En voici une belle utilisation gourmande.

- Délayez la maïzena dans le lait, puis faites épaissir à feu doux. Cassez les œufs en séparant les blancs des jaunes. Incorporez les jaunes d'œufs à la préparation à la maïzena, puis ajoutez le fromage préalablement écrasé et les noix. Salez, poivrez et assaisonnez de muscade selon le goût.
- Battez les blancs d'œufs en une neige très ferme et incorporez délicatement celle-ci à la préparation.
- Transvasez cette préparation dans un moule à soufflé et enfournez. Faites cuire 30 minutes à 150 °C (th. 5), sans ouvrir la porte du four.
- Servez dès la fin de la cuisson, bien chaud.

Une salade frisée aux lardons et aux noix accompagne parfaitement ce soufflé.

* *Ingrédients :*

40 cl de lait entier
40 g de maïzena
2 œufs entiers
100 g de roquefort
50 g de noix en poudre
Noix muscade
Sel
Poivre

* *Préparation : 15 mn*
* *Cuisson : 35 mn*
* *Pour 4 personnes*

Soufflé aux petits champignons de Paris

Facile

Il ne faut pas toujours une longue liste d'ingrédients pour réussir une délicieuse préparation. La preuve avec cet excellent soufflé.

- Lavez et essuyez les champignons avant de les couper en lamelles. Faites-les cuire 20 minutes à la vapeur, puis mixez-les en purée.
- Cassez les œufs en séparant les blancs des jaunes.
- Délayez la maïzena dans le lait, puis faites épaissir à feu doux. Ajoutez les jaunes d'œufs, les champignons en purée et un peu de noix muscade selon le goût. Salez et poivrez.
- Montez les blancs d'œufs en une neige très ferme et incorporez-les délicatement à la préparation. Versez celle-ci dans un moule à soufflé et enfournez.
- Faites cuire environ 30 minutes à 150 °C (th. 5), sans ouvrir la porte du four. Servez dès la fin de la cuisson, bien chaud.

* *Ingrédients :*

400 g de petits champignons de Paris
2 œufs entiers
40 cl de lait demi-écrémé
40 g de maïzena
Noix muscade
Sel
Poivre

* *Préparation : 15 mn*
* *Cuisson : 50 mn*
* *Pour 4 personnes*

► Facile

Soufflé aux pommes de terre & aux carottes *

Des ingrédients classiques pour un soufflé qui ne l'est pas moins.

* *Ingrédients :*
  3 œufs entiers
  400 g de carottes
  300 g de purée de pommes de terre
  2 c.c. de cumin moulu
  Sel
  Poivre

* *Préparation : 15 mn*
* *Cuisson : 45 mn*
* *Pour 4 personnes*

- Cassez les œufs en séparant les blancs des jaunes. Battez les blancs en une neige très ferme. Grattez les carottes et coupez-les en rondelles assez fines. Faites-les cuire 15 minutes à la vapeur. Ensuite, mixez-les.
- Mélangez la purée de pommes de terre, les carottes mixées et le cumin. Salez et poivrez, puis ajoutez les jaunes d'œufs et mélangez. Incorporez ensuite délicatement les blancs d'œufs battus en neige.
- Transvasez la préparation dans un moule à soufflé et enfournez. Faites cuire environ 30 minutes à 150 °C (th.), sans ouvrir la porte du four. Servez dès la fin de la cuisson, bien chaud.

En accompagnement, une salade de feuilles de chêne convient parfaitement.

► Facile

Soufflé aux poivrons parfumé à l'origan

Un soufflé qui exhale de délicieux parfums méditerranéens.

* *Ingrédients :*
  250 g de poivrons
  20 g de beurre
  40 cl de lait écrémé
  35 g de maïzena
  4 œufs entiers
  50 g de gruyère fraîchement râpé
  1 branche d'origan
  Sel
  Poivre

* *Préparation : 15 mn*
* *Cuisson : 45 mn*
* *Pour 4 personnes*

- Lavez les poivrons, retirez le pédoncule et coupez-les en deux. Retirez les graines ainsi que les filaments blancs et durs. Coupez la chair en petits morceaux. Faites-les ensuite cuire à l'étouffée pendant 15 minutes environ, puis mixez-les afin de réduire leur chair en purée.
- Beurrez un moule à soufflé. Mélangez le lait et la maïzena, puis faites épaissir à feu doux.
- Cassez les œufs en séparant les blancs des jaunes. Ajoutez à la maïzena les jaunes d'œufs, la purée de poivrons, le fromage râpé et l'origan. Salez et poivrez.
- Battez les blancs d'œufs en une neige très ferme et incorporez-la délicatement à la préparation. Transvasez-la dans le moule beurré et enfournez. Faites cuire 30 minutes à 150 °C (th. 5), sans ouvrir la porte du four.
- Servez dès la fin de la cuisson, bien chaud.

Pour cette recette, privilégiez des poivrons rouges. Vous pouvez éventuellement remplacer l'origan par du thym.

Tarte à la ratatouille « comme en Provence » *

Facile ◄

Vous aimez la véritable ratatouille niçoise ? Alors, vous allez raffoler de cette succulente tarte !

- Mélangez la farine, l'huile d'olive et une pincée de sel. Ajoutez 2 cuillerées à soupe d'eau et pétrissez la pâte. Façonnez-la en une boule et laissez-la reposer 20 minutes environ. Ensuite, disposez-la dans un moule à tarte. Enfournez et faites cuire ce fond de tarte à blanc, à 180 °C (th. 6) pendant 15 à 20 minutes.
- Préparez la garniture. Épluchez et émincez finement les oignons. Lavez et équeutez les poivrons, puis coupez-les en deux. Retirez les graines ainsi que les filaments blancs et durs. Taillez la chair en très fines lanières. Pelez la gousse d'ail et écrasez-la au presse-ail.
- Mettez les oignons, les poivrons, l'ail, le thym et le romarin dans une casserole. Salez et poivrez, puis faites cuire à l'étouffée en faisant bien évaporer l'eau de la ratatouille.
- À la fin de la cuisson, disposez celle-ci sur le fond de tarte et servez aussitôt.

* *Ingrédients :*
125 g de farine blanche
5 cl d'huile d'olive vierge

Pour la garniture :
100 g d'oignons
100 g de poivrons
1 gousse d'ail
1 c.s. de thym frais, haché
½ c.s. de romarin frais, haché
Sel, poivre

* *Préparation : 15 mn*
* *Repos : 20 mn*
* *Cuisson : 50 mn*
* *Pour 4 personnes*

Tarte au fromage de chèvre et aux pignons

Facile ◄

L'association fromage de chèvre-pignons de pin est un grand classique.
Et une formidable réussite gourmande, comme le prouve cette délicieuse tarte.

- Mélangez la farine, le beurre et une pincée de sel. Ajoutez 2 cuillerées à soupe d'eau et pétrissez. Façonnez la pâte en une boule et laissez-la reposer 20 minutes environ.
- Taillez le fromage de chèvre en fines lamelles. Disposez ensuite la pâte reposée dans un moule à tarte et répartissez les lamelles de fromage par-dessus.
- Cassez l'œuf et battez-le en omelette. Ajoutez le lait, salez et poivrez. Versez ce mélange sur les lamelles de fromage, puis saupoudrez le tout de pignons de pin et enfournez.
- Faites cuire 30 à 35 minutes environ, à 180 °C (th. 6).
- Servez dès la sortie du four, bien chaud.

Encore meilleur : remplacez le lait par du véritable lait de chèvre.

* *Ingrédients :*
125 g de farine
60 g de beurre
Sel

Pour la garniture :
200 g de fromage de chèvre frais
1 œuf entier
15 cl de lait
50 g de pignons de pin
Sel, poivre

* *Préparation : 15 mn*
* *Repos : 20 mn*
* *Cuisson : 35 mn*
* *Pour 4 personnes*

▶ Facile

Tarte aux oignons *

Un grand classique de la gastronomie alsacienne,
toujours apprécié par les gourmets et les gourmands.

* *Ingrédients :*
  125 g de farine d'épeautre
  60 g de beurre

  Pour la garniture :
  600 g d'oignons
  10 g de farine
  1 œuf entier
  20 cl de lait demi-écrémé
  50 g de gruyère fraîchement râpé
  Noix muscade
  Sel, poivre

* *Préparation : 15 mn*
* *Cuisson : 20 mn*
* *Cuisson : 50 mn*
* *Pour 4 personnes*

- Préparez la pâte. Mélangez la farine d'épeautre, le beurre et une pincée de sel. Ajoutez 2 cuillerées à soupe d'eau et mélangez. Laissez reposer la pâte 20 minutes environ.
- Épluchez les oignons et émincez-les finement. Faites-les ensuite cuire 15 minutes à l'étouffée avec de la noix muscade, du sel et du poivre. À la fin de la cuisson, ajoutez la farine et mélangez.
- Disposez la pâte reposée dans un moule à tarte. Répartissez les oignons dessus, en une couche. Battez l'œuf en omelette avec le lait et versez ce mélange sur les oignons. Saupoudrez de fromage râpé et enfournez. Faites cuire 30 min environ à 180 °C (th. 6).
- Servez dès la sortie du four, bien chaud.

Cette tarte est aussi savoureuse lorsqu'elle est servie tiède, accompagnée d'une salade verte.

▶ Facile

Tarte aux tomates

Cette tarte aux tomates est délicieuse et encore meilleure
lorsqu'elle est parfumée à l'estragon.

* *Ingrédients :*
  125 g de farine blanche
  60 g de beurre
  Sel

  Pour la garniture :
  800 g de tomates
  1 bouquet d'estragon frais, ciselé
  50 g de parmesan râpé
  Sel
  Poivre

* *Préparation : 15 mn*
* *Cuisson : 20 mn*
* *Cuisson : 50 mn*
* *Pour 4 personnes*

- Mélangez la farine, le beurre et une pincée de sel. Ajoutez 2 cuillerées à soupe d'eau et mélangez. Laissez reposer la pâte ainsi obtenue pendant 20 minutes environ.
- Pelez et épépinez les tomates. Mettez-les dans une casserole, avec l'estragon, du sel et du poivre, et faites-les revenir pour faire évaporer un maximum de liquide.
- Disposez la pâte reposée dans un moule à tarte. Disposez les tomates par-dessus et recouvrez de fromage râpé. Enfournez et faites cuire 30 minutes environ à 180 °C (th. 6).
- Servez dès la sortie du four, bien chaud.

Il est aussi possible de réaliser cette recette avec la même quantité de tomates en boîte, pelées et épépinées. Mais rien ne vaut, bien sûr, la qualité et la saveur des tomates fraîches.

Tarte classique aux poireaux*

Facile

Il ne faut pas beaucoup d'ingrédients pour confectionner une bonne tarte : quelques poireaux suffisent !

- Mélangez la farine, le beurre et une pincée de sel. Ajoutez 2 cuillerées à soupe d'eau et pétrissez. Façonnez la pâte en une boule et laissez-la reposer environ 20 minutes.
- Lavez les poireaux et émincez-les. Faites-les ensuite cuire 15 minutes à la vapeur. Délayez la maïzena dans le lait froid et faites épaissir à feu doux. Salez et poivrez.
- Disposez la pâte reposée dans un moule à tarte et répartissez-y les poireaux. Nappez de sauce et enfournez. Faites cuire 30 à 35 minutes à 180 °C (th. 6). Servez dès la sortie du four, bien chaud.

Variante : si vous le désirez, vous pouvez remplacer le lait demi-écrémé par la même quantité de lait de soja.

* *Ingrédients :*
  125 g de farine
  60 g de beurre
  Sel

  Pour la garniture :
  600 g de poireaux
  15 g de maïzena
  20 cl de lait demi-écrémé
  Sel, poivre

* *Préparation : 15 mn*
* *Cuisson : 20 mn*
* *Cuisson : 50 mn*
* *Pour 4 personnes*

Tarte « toute simple » aux carottes

Facile

Une tarte faite pour ceux qui apprécient pleinement le goût des bonnes carottes fraîches.

- Mélangez la farine, le beurre et une pincée de sel. Ajoutez 2 cuillerées à soupe d'eau et pétrissez la pâte. Façonnez-la en une boule et laissez-la reposer 20 minutes environ.
- Grattez les carottes et râpez-les. Faites-les cuire 15 minutes à la vapeur. Disposez la pâte reposée dans un moule à tarte et répartissez-y les carottes cuites.
- Battez l'œuf entier en omelette, ajoutez le lait, le persil et un peu de noix muscade selon le goût. Salez, mélangez et versez ce mélange sur les carottes.
- Enfournez et faites cuire 30 à 35 minutes à 180 °C (th. 6). Servez dès la fin de la cuisson, bien chaud.

Cette tarte peut aussi être dégustée froide.

* *Ingrédients :*
  125 g de farine
  60 g de beurre
  Sel

  Pour la garniture :
  600 g de carottes
  1 œuf entier
  15 cl de lait demi-écrémé
  4 brins de persil frais, haché
  Noix muscade
  Sel

* *Préparation : 15 mn*
* *Repos : 20 mn*
* *Cuisson : 50 mn*
* *Pour 4 personnes*

▶ Facile

Crème renversée au caramel *

Un dessert classique légèrement revisité avec le lait d'avoine, qui plaira à tous les gourmands.

* *Ingrédients :*

  100 g de sucre en poudre

  35 cl de lait d'avoine

  2 œufs entiers

* *Préparation : 10 mn*
* *Cuisson : 40 mn*
* *Pour 4 personnes*

- Versez 60 grammes de sucre dans une casserole et ajoutez-y 2 cuillerées à soupe d'eau. Faites cuire jusqu'à obtention d'un caramel brun. Répartissez-le dans 4 ramequins individuels. Versez le lait dans un petit poêlon et faites-le chauffer.
- Battez les œufs en omelette, avec le reste de sucre. Versez sur le lait chaud (il ne doit pas être bouillant) et mélangez. Répartissez cette préparation sur le caramel, dans les ramequins.
- Faites ensuite cuire 30 à 35 minutes au bain-marie, dans le four à 180 °C (th. 6). Ne démoulez les crèmes que lorsqu'elles sont complètement froides.

Le lait d'avoine se trouve facilement dans les magasins d'alimentation naturelle et diététique.

▶ Facile

Crème aux quetsches & au tofu

À peine quelques minutes suffisent pour préparer cette crème légère et savoureuse.

* *Ingrédients :*

  1 orange non traitée, de qualité biologique certifiée

  300 g de quetsches

  300 g de tofu

  50 g de crème liquide

  2 c.s. de cassonade

* *Préparation : 15 mn*
* *Cuisson : sans*
* *Pour 4 personnes*

- Zestez l'orange et râpez le zeste. Pressez le fruit. Lavez les quetsches et dénoyautez-les. Égouttez soigneusement le tofu et coupez-le grossièrement en morceaux.
- Mettez le tofu, les quetsches, le zeste et le jus d'orange, la crème liquide et la cassonade dans le bol d'un mixeur, puis mixez jusqu'à obtention d'une crème.
- Répartissez-la dans des coupelles individuelles et servez aussitôt.

En fonction du goût de chacun, vous pouvez éventuellement encore sucrer légèrement la crème avant de la servir.

Gâteau gourmand aux carottes
& aux amandes, saveur de cannelle*

Moyen

Une vraie gourmandise, à savourer à la fin du repas ou à l'heure du goûter.

- Grattez les carottes et râpez-les. Cassez les œufs en séparant les blancs des jaunes.
- Dans un bol, mélangez les jaunes d'œufs et le sucre, jusqu'à ce que le mélange blanchisse. À ce moment, ajoutez le rhum, la maïzena, les amandes, la cannelle et les carottes.
- Battez les blancs d'œufs en une neige très ferme et incorporez-la délicatement à la préparation. Versez le mélange ainsi obtenu dans un moule à manqué préalablement beurré.
- Enfournez et faites cuire 50 minutes environ à 150 °C (th. 5).

Ce gâteau se savoure tiède ou froid, selon le goût ou l'envie du moment.

** Ingrédients :*
150 g de carottes
3 œufs entiers
75 g de sucre en poudre
2 c.s. de rhum
4 c.c. de maïzena
60 g d'amandes en poudre
1 c.c. de cannelle moulue

** Préparation : 15 mn*
** Cuisson : 50 mn*
** Pour 4 personnes*

Croquettes de tofu aux noisettes,
compote de rhubarbe

Facile

Cette compote de fruits réussit un accord parfait avec les croquettes de tofu.

- Nettoyez et lavez la rhubarbe, puis taillez-la en tronçons de deux centimètres de long. Lavez les fraises, puis équeutez-les et coupez-les en quatre. Mettez la rhubarbe dans une casserole. Ajoutez les fraises et la cassonade, puis portez le tout à ébullition. Couvrez et faites cuire 5 minutes. Mettez la compote ainsi obtenue dans un plat et laissez refroidir.
- Préparez les croquettes de tofu. Hachez finement les noisettes. Lavez le demi-citron et zestez-le. Râpez le zeste. Pressez le fruit. Égouttez le tofu et mettez-le dans un plat peu profond pour l'écraser à la fourchette. Ajoutez les noisettes, le zeste et le jus de citron, l'œuf entier, la farine et le miel. Travaillez tous ces ingrédients, jusqu'à obtention d'une pâte bien liée. Façonnez 6 boulettes avec cette pâte.
- Versez l'huile dans une poêle et faites chauffer. À feu moyen, faites revenir les croquettes de tofu, 5 minutes sur chaque face, jusqu'à ce qu'elles soient dorées. Disposez les croquettes et servez aussitôt. Présentez la compote de rhubarbe en accompagnement.

** Ingrédients :*
300 g de rhubarbe
100 g de fraises
40 g de cassonade
50 g de noisettes
½ citron jaune non traité
200 g de tofu
1 œuf entier
3 c.s. de farine de blé complète
2 c.s. de miel
1 c.s. d'huile

** Préparation : 15 mn*
** Cuisson : 20 mn*
** Pour 2 personnes*

▶ Facile

Gratin de fruits au tofu

Ce dessert facile aura toujours les faveurs de vos convives.

* *Ingrédients :*
  40 g de beurre
  150 g de flocons de céréales complètes
  300 g de myrtilles
  4 abricots
  250 g de tofu
  1 pincée de cannelle moulue
  4 c.s. de sirop de groseilles
  2 œufs entiers
  1 c.s. de pistaches décortiquées, non salées

* *Préparation : 10 mn*
* *Cuisson : 50 mn*
* *Pour 4 personnes*

- Mettez la moitié du beurre dans une poêle et faites fondre. Sur feu moyen, faites revenir les flocons de céréales, jusqu'à ce qu'ils soient croustillants. Laissez-les refroidir.
- Lavez les myrtilles et essuyez-les. Lavez les abricots, coupez-les en deux et dénoyautez-les. Coupez la chair en dés. Égouttez soigneusement le tofu et écrasez-le à la fourchette. Mélangez-le avec les flocons de céréales, les fruits, la cannelle et le sirop de groseilles.
- Cassez les œufs en séparant les blancs des jaunes. Ajoutez les jaunes à la préparation précédente, puis incorporez les blancs préalablement battus en une neige très ferme. Beurrez un plat à four et versez-y la préparation. Parsemez-en le dessus avec le reste de beurre, coupé en parcelles et avec les pistaches, coupées en petits morceaux. Enfournez à mi-hauteur du four froid et faites cuire 45 minutes environ, à 180 °C (th. 6), jusqu'à ce que le gratin soit joliment doré.

▶ Facile

Glace aux fruits frais & au tofu

Voilà une glace dont la saveur change agréablement des préparations industrielles.
Attrait supplémentaire : elle ne contient ni matière grasse animale ni protéines animales.

* *Ingrédients :*
  2 bananes
  1 citron jaune non traité, de qualité biologique certifiée
  250 g de tofu
  20 cl de lait de soja
  2 c.s. de cassonade
  1 pincée de cannelle moulue
  1 c.c. de vanille

* *Préparation : 15 mn*
* *Repos : 5 h*
* *Cuisson : sans*
* *Pour 4 personnes*

- Épluchez les bananes et coupez-les grossièrement. Zestez le citron et râpez finement le zeste. Pressez le fruit. Égouttez soigneusement le tofu et coupez-le grossièrement. Mixez le tofu, les bananes et le lait de soja, jusqu'à obtention d'une purée.
- Ajoutez la cassonade, le zeste et le jus de citron, la cannelle et la vanille. Versez la préparation ainsi obtenue dans un moule métallique et glissez-le au congélateur.
- Laissez reposer 5 heures en remuant de temps en temps au fouet afin d'empêcher la formation de cristaux.
- Un peu avant de servir, sortez la glace du congélateur : elle sera ainsi plus facile à mouler.

Vous pouvez servir cette glace accompagnée d'une salade de fruits frais de saison.

Sorbet aux pêches, garniture de fraises

Moyen

Un dessert estival, agréablement rafraîchissant et léger.

- Arrosez les pêches d'eau bouillante, puis passez-les rapidement sous l'eau froide avant de les peler, de les couper en quatre et de les dénoyauter. Écrasez-les ensuite en purée, avec le miel, la moitié du jus de fruits et tout le jus de citron. Versez la préparation obtenue dans une terrine, couvrez-la et glissez-la dans le congélateur. Laissez durcir la préparation pendant 3 heures environ, en la remuant à 2 ou 3 reprises au fouet pour empêcher la formation de cristaux.
- Faites bouillir 25 centilitres d'eau et faites-y infuser le thé aux fruits pendant une dizaine de minutes. Retirez ensuite les sachets et jetez-les. Mélangez le thé ainsi obtenu avec le reste de jus de fruits et réservez au frais.
- Nettoyez et équeutez les fraises. Couvrez-les et glissez-les au réfrigérateur. Servez le sorbet dans des coupes individuelles et garnissez de fraises coupées en deux. Arrosez avec le thé aromatisé. Servez bien frais.

* *Ingrédients :*

250 g de pêches
2 c.s. de miel
25 cl de jus de fruits, non sucré
2 c.s. de jus de citron jaune fraîchement pressé
2 sachets de thé aux fruits
150 g de fraises

* *Préparation : 30 mn*
* *Repos : 3 h*
* *Cuisson : sans*
* *Pour 6 personnes*

Salade de fruits de saison au yaourt*

Facile

Saveur et fraîcheur sont au rendez-vous de cet agréable dessert.

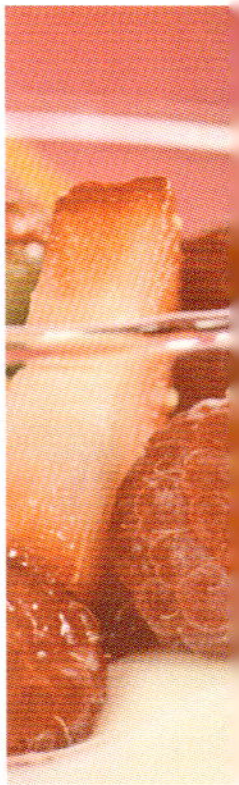

- Préparez les fruits et, selon les cas, lavez-les ou épluchez-les. Retirez les noyaux ou les pépins. Coupez ces fruits en morceaux de la taille d'une bouchée.
- Râpez un peu de zeste de citron et d'orange. Pressez ces deux fruits et versez leur jus sur les fruits précédents.
- Coupez l'avocat en deux et dénoyautez-le. Épluchez-le et écrasez sa chair en purée, avec le zeste de citron et le zeste d'orange, le miel, le yaourt et la crème liquide.
- Disposez les fruits sur des assiettes individuelles et nappez-les de sauce. Servez frais.

Pour cette recette, privilégiez des fruits bien mûrs. Les fruits étant naturellement sucrés, il ne faut pas ajouter de sucre à ce dessert.

* *Ingrédients :*

600 g de fruits de saison
1 citron jaune non traité, de qualité biologique certifiée
1 orange non traitée, de qualité biologique certifiée
1 avocat
2 c.s. de miel
150 g de yaourt nature, maigre
2 c.s. de crème liquide

* *Préparation : 35 mn*
* *Cuisson : sans*
* *Pour 4 personnes*

Salade de fruits frais à la crème de tofu

Facile

Un dessert à base de fruits frais : sain et savoureux à la fois !

- Nettoyez les fraises et les framboises, puis équeutez les fraises et coupez-les en morceaux. Épluchez la pomme et la poire.
- Divisez ces fruits en quatre, retirez le cœur et les pépins. Coupez la pomme et la poire en tranches. Hachez grossièrement les pistaches.
- Dans un grand plat creux, mélangez les différents fruits avec les pistaches, le jus de citron et la cassonade.
- Égouttez soigneusement le tofu, puis coupez-le grossièrement. Mettez-le dans le bol d'un mixeur avec la crème liquide, le miel et la vanille. Mixez jusqu'à obtention d'une purée.
- Répartissez la salade de fruits dans des assiettes de service creuses, puis nappez de crème au tofu. Servez bien frais.

Pour cette recette, choisissez de préférence une pomme acide.

* *Ingrédients :*

200 g de fraises
200 g de framboises
1 pomme
1 poire
1 c.s. de pistaches décortiquées, non salées
1 c.s. de citron jaune pressé
1 c.s. de cassonade
100 g de tofu
100 g de crème fraîche liquide
2 c.s. de miel liquide
1 c.c. de vanille en poudre

* *Préparation : 25 mn*
* *Cuisson : sans*
* *Pour 4 personnes*

▶ Facile

Soupe froide aux baies *

Un dessert rapide, léger et rafraîchissant.

* *Ingrédients :*
  - *800 g de baies diverses*
  - *25 cl de jus de fruits, non sucré*
  - *½ c.c. d'agar-agar*
  - *50 g de sucre de canne*
  - *1 morceau de zeste de citron jaune non traité, de qualité biologique certifiée*
  - *150 g de crème liquide*
  - *12 cl de lait entier*

* *Préparation : 25 mn*
* *Repos : 6 h*
* *Cuisson : 1 mn*
* *Pour 4 personnes*

- Nettoyez les baies, lavez-les, essuyez-les et retirez les pédoncules. Répartissez-les dans des coupes à dessert.
- D'autre part, mélangez 3 cuillerées à soupe de jus de fruits avec l'agar-agar. Faites bouillir le reste de jus de fruits avec le sucre de canne et le zeste de citron. Ajoutez l'agar-agar, puis portez le tout à ébullition.
- Faites ensuite cuire 1 minute à feu doux. Versez ce mélange encore brûlant sur les baies, couvrez et glissez au réfrigérateur. Laissez reposer pendant 6 heures environ.
- Juste avant de servir, mélangez la crème et le lait, et versez cette préparation dans un pot à lait. Servez les coupes de fruits et présentez la crème à part.

Suivez le rythme des saisons et choisissez vos baies en fonction de ce que la nature vous offre au moment de préparer ce dessert.

▶ Facile

Soufflé de riz complet aux quetsches

Un dessert facile à préparer, mais qui ne manque pas de raffinement.

* *Ingrédients :*
  - *50 cl de lait entier*
  - *200 g de riz complet à grains longs*
  - *Le zeste de ½ citron jaune non traité, de qualité biologique certifiée*
  - *750 g de quetsches*
  - *50 g de beurre (+ du beurre pour le moule)*
  - *50 g de sucre de canne*
  - *4 œufs entiers*
  - *Quelques biscottes émiettées*
  - *Sel*

* *Préparation : 10 mn*
* *Cuisson : 1 h 30 mn*
* *Pour 4 personnes*

- Versez le lait dans une casserole, puis ajoutez le riz, le zeste de citron et une pincée de sel. Portez le tout à ébullition. Couvrez et poursuivez la cuisson 45 minutes à feu doux, jusqu'à ce que le riz soit tendre. Laissez tiédir. Lavez les fruits et coupez-les en deux. Dénoyautez-les et coupez-les en petits morceaux.
- Battez ensemble le beurre et le sucre jusqu'à obtention d'un mélange mousseux. Cassez les œufs en séparant les blancs des jaunes. Incorporez les jaunes au mélange mousseux, puis le riz, cuillerée après cuillerée. Incorporez ensuite les fruits.
- Battez les blancs d'œufs en une neige très ferme et intégrez-les à leur tour à la préparation.
- Beurrez un moule à soufflé et enduisez-le de biscottes émiettées. Versez-y la préparation précédente et enfournez dans le four froid, à mi-hauteur. Faites cuire 45 minutes environ, à 180 °C (th. 6).

Pour cette préparation, privilégiez des fruits bien mûrs.

Dans la même collection :

- ***Le meilleur des*** **Papillotes**
  Marie Joly
- ***Le meilleur de la cuisine du*** **Maroc**
  Philippe Chavanne
- ***Le meilleur des*** **Verrines**
  Virginie Boudsocq & Nathalie Ritz
- ***Le meilleur de*** **L'Italie**
  Fanny Matagne
- ***Le meilleur de la*** **Machine à Pain**
  Marie Joly
- ***Le meilleur du*** **Tiramisu**
  Marie Joly
- ***Le meilleur des*** **Tartes & Tatins**
  Philippe Chavanne
- ***Le meilleur des*** **Millefeuilles**
  Thomas Feller
- ***Le meilleur de la*** **Mini Cuisine**
  Fanny Matagne
- ***Le meilleur de la*** **Cuisine de bébé**
  Fanny Matagne

La cuisine en grand format :

- ***La Folie des Cakes***
  Philippe Chavanne
- ***Desserts & Douceurs***
  Marie Joly
- ***La Douce Folie des Biscuits***
  Marie Joly
- ***Apéro Chic***
  Marie Joly
- ***La Bonne Cuisine de Bistrot***
  Philippe Chavanne

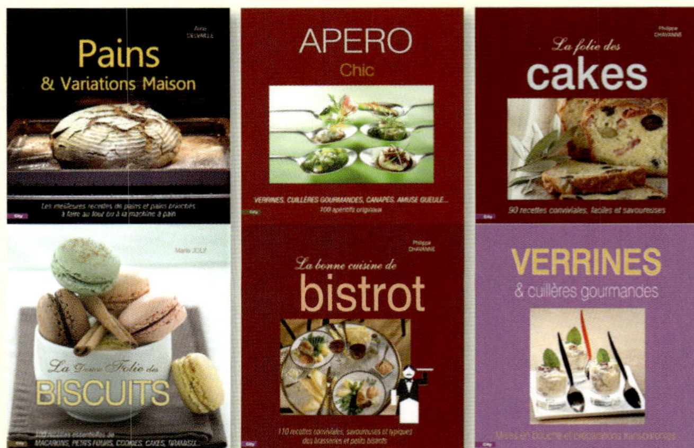